KÖSTLICHES ARGAN-ÖL

ALFONS SCHUHBECK
DR. PETER SCHLEICHER

KÖSTLICHES ARGAN-ÖL

EIN KULINARISCHES ELIXIER

MIT DEN BESTEN REZEPTEN
VON ALFONS SCHUHBECK

südwest

INHALT

EINFÜHRUNG

Der Arganbaum ist ein einzigartiges Gewächs. Einst ein Mittelmeeranrainer, gedeiht er heute nur noch in einer Region im Südwesten Marokkos, der Arganeraie. Seine weitflächigen Haine halten die Ausbreitung der Wüstengebiete der Sahara auf und schützen ein Siedlungsgebiet für zwei Millionen Menschen. Sein Laub und seine Früchte bieten den Tieren Schatten und Nahrung, sein Holz und seine Wurzeln sichern den Menschen Feuer und Wasser. Und das Öl seiner Samen liefert ihnen Lebenselixier und Lebensunterhalt.

Die Lebenszusammenhänge von Pflanzen, Tieren und Menschen werden am Beispiel der Arganie schon auf den ersten Blick erkennbar, und das gilt auch unter physiologischer Sichtweise. Alle drei Populationen besitzen ein körpereigenes Immunsystem, das ein Leben lang Krankheiten abwehren und Gesundheit garantieren kann. Die Arganie spielt in der Natur eine große Rolle für die Erhaltung des Gleichgewichts dieser drei Populationen und damit auch für die Harmonie der immunologischen Abwehr. Zahlreiche Krankheiten und Beschwerden in unserer hochzivilisierten, oft sehr hektischen Welt sind auf die Störungen solcher Harmonie und ein dadurch geschwächtes Immunsystem zurückzuführen. Nun besinnen wir uns allmählich wieder auf die alten Naturheilverfahren, um unserem Leben mehr Stabilität zu verleihen – und dabei kann Arganöl eine wichtige Rolle spielen.

Der gesundheitliche Wert wie die pflegenden und heilenden Wirkungen des Arganöls sind schon seit dem Mittelalter bekannt und werden von den Berbern bis heute genutzt. Inzwischen haben auch Wissenschaft und Medizin die einzigartigen Kräfte dieses kostbaren Öls erkannt und erforscht. Kein anderes nährt das Immunsystem des Organismus mit so wertvollen Stoffen und Bestandteilen, sei es bei regelmäßiger Aufnahme in der Ernährung oder durch kosmetische Behandlung. Und es ist von köstlichem, nussigem Geschmack, der seinen Genuss auch bei sparsamer Verwendung nicht verfehlt. Ein Esslöffel davon, regelmäßig im täglichen Speiseplan, zeigt schon gesundheitliche Wirkung.

Denn das Öl aus dem Fruchtsamen des Arganbaumes ist kostbar nicht nur seines von Natur begrenzten Vorkommens, sondern vor allem seiner langwierigen Herstellung von Hand wegen – die aber wieder Lebensgrundlage und Lebensrhythmus vieler tausend Berberfamilien bietet. Und der Arganbaum ist bedroht – seine Bestände schwinden durch folgenschwere ökonomische und ökologische Entwicklungen, denen man durch Schutz- und Hilfsprojekte zu begegnen sucht.

Dieses Buch will Ihnen vom Arganbaum, seiner Geschichte und den Menschen seiner Welt erzählen. Es zeigt, wie die Wirkstoffe seines Samens Ihrer Gesundheit helfen und Ihrer Schönheit dienen und gegen welche Beschwerden und Krankheiten man sie in Absprache mit dem Arzt einsetzen sollte. Und natürlich ist an zentraler Stelle von Gesundheit und Genuss die Rede: Welch kulinarische Akzente Sie mit dem köstlichen Öl setzen können, sagen Ihnen die delikaten Rezepte von Meisterkoch Alfons Schuhbeck.

DER BAUM – DAS ÖL – DAS LAND

DER BAUM DES LEBENS

Das Wunder ist der Baum. Spräche man Bäumen Charakter zu, zählte der Arganbaum – oder die Arganie – zu den stärksten und eigenwilligsten Charakteren. Zu den ältesten Baumarten gehört die Arganie ohnehin. Vor 80 Millionen Jahren schon, in der frühen Erdneuzeit des Tertiärs, wuchs sie in großen Gebieten Südeuropas und Nordafrikas, weshalb die Botaniker auch von einem »Tertiärrelikt« sprechen. Nur – diese Kontinente waren damals noch gar nicht getrennt! Erst im Tertiär entstanden die großen Faltengebirge dieses Erdteils: Alpen, Apennin, Pyrenäen, der Atlas – und der Einbruch des Mittelmeerbeckens.

Mit dem Quartär vor anderthalb Millionen Jahren kamen die großen klimatischen Veränderungen: Eiszeiten in Europa. Mag sein, dass der Arganbaum auch das in einigen Gegenden überstand, denn seine Samen sind hartnäckig und in den Zwischeneiszeiten gab es mancherorts erstaunliche Blütezeiten. Doch in Afrika herrschten statt der Eiszeiten wärmere Regenzeiten, die Pluvialzeit, und das mag erklären, warum sich die Arganie auf ein bestimmtes Gebiet im Süden des heutigen Marokko zurückzog und nur in dessen Grenzen überlebte.

Diesem Gebiet allerdings, das heute in der Region Souss Massa Draa mit dem Zentrum zwischen Agadir, Marrakesch und Essaouira eine Fläche von 820 000 Hektar umfasst und damit halb so groß ist wie Schleswig-Holstein, gab der Arganbaum seinen Namen: französisch die Arganeraie. Die ansässigen Berberstämme der Amazigh (gesprochen: Amasirr, das heißt »Freie Menschen«) nennen ihn respektvoll den »Baum des Lebens«, denn seit Jahrhunderten verdanken sie ihm Grundlagen ihrer Existenz.

Wir wollen uns nicht in wissenschaftliche Zuordnungen der *Argania spinosa* verlieren, aber die wunderbaren Eigenschaften, die ihr Überleben und der Menschen Nutzen sicherten, müssen wohl beschrieben werden.

Der Baum ist nicht übermäßig hoch, erreicht ausgewachsen kaum 10 Meter, aber dafür hat er eine bis zu 15 Metern ausladende Krone mit fülligen Ästen, die sich tief zu Boden neigen und einen Umfang bis zu 70 Metern abdecken. So bieten die Arganenhaine mit ihren Bäumen und Strauchgehölzen Schatten und bewahren Feuchtigkeit zu landwirtschaftlichem Nutzen: als Weide für die Tiere und zum Anbau von Getreide.

Der Arganbaum ist ein Dornengehölz aus der Familie der Seifenbaumgewächse, und diese Dornen (lateinisch *spinosa*) sind üppig und stachelig. Sein Laub ist immergrün und dient auch dazu, Wasser aus der frischen Meeresluft und den feuchten Dunstschwaden aufzunehmen, die vom Atlantik her wehen. In starken Trockenzeiten dagegen wirft der Baum seine Blätter ab, erspart sich dadurch die Verdunstung seiner Säfte durch das Blattwerk und stellt sein Wachstum ein, wenn es sein muss für mehrere Jahre. Tritt wieder Regen ein, so treibt er erneut Blätter und Blüten und setzt sein Wachstum fort.

Das ist ein Teil seiner Überlebensstrategie. Die andere ist noch erstaunlicher. Die Arganie kann ihr reiches Wurzelwerk bis zu 30 Meter tief in den Boden bohren und erreicht damit Feuchtigkeitsvorräte, die normalen Pflanzen verschlossen bleiben. Dabei bedient sie sich eines biologischen Tricks, der Mykorrhiza. Das ist eine symbiotische Verbindung der Wurzeln mit Pilzen, die sich an ihnen ansiedeln: Die Pilze liefern dem Baum Wasser und Nährstoffe, seine Wurzeln bieten ihnen dafür Kohlenhydrate und Schutz.

Mit diesen Fakten kann man nun Ursachen und Wirkung zusammenführen. Der Arganbaum wächst nur langsam, aber mit einer unglaublichen Lebensfähigkeit. Er kann 250 oder gar bis zu 400 Jahre alt werden. Den geologischen und klimatischen Bedingungen – karger Boden, anhaltende Trockenheit wie heftige Regenfälle, Temperaturschwankungen von wenigen Plusgraden in Wintermonaten bis zu 50 Grad Hitze in Sommerzeiten und Höhenlagen bis zu 1300 m – seines »endemischen« Rückzuggebietes im Südwesten Marokkos und nördlichen Mauretanien hat er sich so perfekt angepasst, dass alle Versuche, ihn andernorts unter vergleichbaren Voraussetzungen anzusiedeln, fehlgeschlagen sind.

Doch sein Vorkommen ist selbst dort gefährdet. Die Arganie scheint sich nur durch sehr sparsamen Wildwuchs zu vermehren, und es ist bisher auch nicht recht gelungen, sie in ihrer Heimat systematisch anzupflanzen, zu vermehren. Stattdessen verschwinden immer weitere Teile der die Landschaft prägenden Haine, die von Ferne ausschauen wie gewaltige, lichtere Olivenhaine.

Schuld daran trägt einmal die durch das Bevölkerungswachstum verursachte landwirtschaftliche Übernutzung mit modernen Anbaumethoden. Mehr als zwei Millionen Menschen leben inzwischen in der Arganerie, und sie müssen sich nähren, ernährt werden. Die traditionelle Weide- und Ackerwirtschaft reicht dafür nicht aus. Also werden immer mehr Arganbäume abgeholzt, um neue Flächen für Getreidefelder zu schaffen. Noch trägt der von der Arganie gepflegte Boden ja gut – zunächst. Und das gewonnene Holz lässt sich nach alter Weise gut verwenden. Es ist äußerst hart, weshalb man die Arganie auch den »Eisenholzbaum« genannt hat, und taugt als Gerüst für die Lehmhütten, als Baumaterial, für Brennholz und Holzkohle. Für Möbel und Schnitzwerk ist es weniger geeignet, dafür ist es zu hart.

Doch auch die Siedlungen und die Anforderungen moderner Wirtschaft und Technik, die Folgen der Zivilisation, dehnen sich aus und wuchern ins Land. Arganenhaine werden abgeholzt, um Platz zu gewinnen zur Ausbreitung von Ortschaften und Anlagen, für Müllhalden, Straßen und Flughäfen ...

Bei dieser schleichenden oder weiträumigen Abholzung der Arganenhaine droht eine weitere Gefahr: die Verwüstung der Landschaft, die Desertifikation von den Rändern her. Wo der Boden den Schutz des Daches und der Wurzeln der Bäume verliert, wird die Erdkrume von der Sonne ausgeglüht, durch Regenfälle abgeschwemmt oder von Wüstenstürmen abgetragen. Getreidegräser oder Bauwerke können diese Erosion nicht aufhalten. Die Wüste lebt und breitet sich aus, die Bodenerträge versiegen, und durch Jahrhunderte bewirtschaftete Siedlungsräume verfallen der Dürre.

DAS FLÜSSIGE GOLD MAROKKOS

Mit dem Baum des Lebens schwindet dann auch das »Gold Marokkos«, das im Samen seiner Früchte enthalten ist und von alters her eine bedeutende Existenzgrundlage der Amazigh-Berber bildete: das gesundheitlich wertvolle und kulinarisch kostbare Öl der Arganie.
Schon im Mittelalter waren Wert und Nutzen des Arganöls den Menschen der Region vertraut und in der traditionellen islamischen Medizin bekannt. Der muslimische Arzt Ibn Al Baytar, 1197 in Sevilla geboren und 1248 in Damaskus gestorben, der bedeutendste Autor auf dem Gebiet der Botanik und Pharmazie in dieser Blütezeit arabischer Wissenschaft, schrieb 1219 in seiner »Großen Zusammenfassung über die Wirkung der einfachen Heil- und Nahrungsmittel«:

> ARDJAN – Das ist ein berberisches Wort und der Name eines Baumes, der im äußersten Maghreb in der Provinz Marokko wächst. Er hat sehr stachelige Dornen und entwickelt eine Frucht, die wie eine kleine Mandel aussieht und die umgangssprachlich Mandel der Berber genannt wird.

Der weit gereiste Gelehrte, den seine Studien von Spanien über Nordafrika bis in den Irak führten, ehe er sich in Syrien niederließ, beschrieb nicht nur die Pflanze, sondern auch die Methode der Ölgewinnung aus ihren Früchten, die sich im Prinzip bis heute nicht geändert hat.

Nach den ersten Regenfällen treibt der Arganbaum im Oktober an den alten Zweigen neue Blätter aus und die noch kleinen Früchte des Vorjahres beginnen zu reifen, im Januar setzen auch neue Zweige und die neue Blüte an. Aus den hellgelben Blüten entwickeln sich gelbe und rötliche Steinfrüchte unterschiedlicher Größe – etwa im Format von Oliven oder Pflaumen, doch mit bitterem Fruchtfleisch und fettarm. In diesem Stadium ist der Arganbaum für Kamele und Ziegen wohl am interessantesten: Es sind die einzigen Tiere, die die dornige Abwehr überwinden und an Blättern und Früchten Gefallen finden. Die Kamele verdanken es der Hornhaut ihrer Mäuler, und die Ziegen sind »spitzmäulig und behände« genug, sogar in Scharen durch die Äste zu klettern. Doch so willkommen das Viehfutter ist – der natürliche Raubbau führt zu einer weiteren Gefährdung der Arganhaine und macht den Schutz der Bäume gegen Überweidung notwendig.

Während die neuen Früchte und Zweige im Laufe des Frühjahrs ihr Wachstum einstellen – wir erkennen die Überlebensstrategie! –, reifen die Früchte des Vorjahres bis zum Juli vollends aus und können in den Sommermonaten geerntet werden. Freilich nicht ihres ungenießbaren Fruchtfleisches wegen, sondern um ihre ölhaltigen Samenkerne, die »Mandeln«, zu gewinnen, die in einer extrem harten Schale stecken.

DIE DORNIGE ERNTE

Die Erntezeit zwischen Mai und September bedeutet seit alters her harte Arbeit für die ganze Familie. Männer, doch vor allem Frauen und Kinder ziehen mit Körben und Eseln in die Haine, um die herabgefallenen und reifen Früchte aufzulesen und auszulesen. In die dornigen Zweige zu steigen und die Früchte zu pflücken – das geht nicht und führte zu Verletzungen. Die Äste zu rütteln, die Früchte mit Stangen herunterzuschlagen – das würde die brüchigen Zweige brechen und den Baum beschädigen. Also bleibt nur das mühsame Aufklauben vom Boden – und dabei gilt es, auch noch den Zustand der Früchte zu begutachten, denn nur unversehrte und trockene taugen zur Ölgewinnung. Sie reifen aber nicht alle gleichzeitig, sondern auch in einer Fruchtgeneration nacheinander im Abstand von Wochen, und fallen erst dann ab, sodass die Erntegänge wiederholt werden müssen. Das ergibt am Ende einen durchschnittlichen Ertrag von 100 Kilogramm bei gut gewachsenen Bäumen.

Seit alten Zeiten wie aus unseren Tagen gibt es Berichte von Reisenden über eine originelle Erntemethode der Berber: Sie ließen ihre Ziegenherden in die Baumkronen klettern, um die reifen Früchte abzufressen. Wenn die Früchte dann durch den Verdauungstrakt der Tiere gewandert seien und ausgeschieden werden, brauchten nur noch die fleischlosen Argannüsse aus dem Kot ausgelesen, aufgebrochen und zu Öl verarbeitet zu werden. Dieses Arganöl freilich, so die hartnäckige Sage, habe einen leicht ranzigen Geschmack.
Der Wahrheitsgehalt solcher Legenden ist schwer zu prüfen, heutzutage jedenfalls ist diese Ernteweise nicht üblich: Die gesamte Herstellung unterliegt strengen Vorschriften. Wahr ist freilich, dass die Ziegen scharenweise durch die Bäume steigen – was in der Erntezeit verhindert werden soll – und sich die kernigen Reste ihres Mahles auf den Weideflächen finden und trocknen. Und man mag auch kaum glauben, dass irgendwelche olfaktorischen Wirkungen die harte Nussschale durchdringen.

Die geernteten Früchte werden auf den Dächern der Lehmhütten ausgebreitet und von der Sonne getrocknet. In diesem Zustand können die Dörrfrüchte dann auch für längere Zeit aufbewahrt und nur in kleineren Teilmengen für den freilich reichlichen Hausbedarf zu Öl verarbeitet werden. Der Grund dafür ist einfach und einsichtig: Die traditionelle Herstellung durch die Frauen in Handarbeit ist zeitraubend und arbeitsintensiv, außerdem lässt sich dieses Öl ohne Geschmacks- und Gehaltsverluste nur einige Monate aufbewahren. Und ein Verkauf, der das karge Auskommen der Familien hätte aufbessern können, lohnte sich nicht, denn das kostbare Produkt mühsamer Arbeit wurde miserabel bezahlt.

MÜHSAME HANDARBEIT

Die hergebrachte handwerkliche Herstellungsweise von Arganöl war – und ist – ausschließlich Sache der Frauen und verlangt tagelange harte Arbeit.

Schälen. Die gedörrten Früchte müssen zuerst zwischen zwei Steinen zerquetscht werden, und dann wird das schmierige Fruchtfleisch von den Nüssen getrennt. Die Fruchtmasse – reich an Zucker (20 Prozent) und Zellulose (13 Prozent), dazu Eiweiß (6 Prozent) und wenig Fett (2 Prozent) – findet als Futter für das Hausvieh Verwendung: Ziegen und Kamele, Schafe und Rinder. Von 100 Kilogramm Früchten bleiben nun etwa 30 Kilogramm Nüsse übrig.

Aufbrechen. Die Argannüsse, deren Schale 15-mal härter ist als die von Haselnüssen, werden wiederum mit Steinen aufgeschlagen, um ein bis drei »Arganmandeln« in ihrem Inneren freizulegen. Diese Samen sind etwa so groß wie die von Sonnenblumen und werden noch einmal gereinigt und nach Reinheit ausgelesen – das bedeutet aus 30 Kilogramm Nüssen rund drei Kilogramm Mandeln.

Rösten. Die Arganmandeln werden über sanftem Feuer aus Schalenresten oder Reisig in irdenen Gefäßen mild geröstet – das muss langsam geschehen, weil es Geschmack und Menge des auszulösenden Öls beeinflusst. (Bei kalt gepresstem Arganöl, wie es heute im Handel angeboten wird, entfällt diese Röstung.)

Mahlen. Die gerösteten Mandeln werden portionsweise in eine Steinmühle gegeben und dort zu einem dicken Brei zermahlen, dem Amlou, der als bräunliche Paste abfließt. Bei den gebräuchlichen Handmühlen dauert das etwa eine Stunde.

Kneten und Pressen. Um daraus das begehrte Arganöl zu gewinnen, wird die Masse in einer Schale zunächst mit den Händen – unter Zugabe von etwas Wasser – nachhaltig geknetet, bis eine ölige Paste entsteht. Und aus der lässt sich endlich mit kräftigem Druck das Öl herauspressen und in Flaschen abfüllen. Der übrig gebliebene Presskuchen hat immer noch einen Ölgehalt von rund 15 Prozent und wird an die Tiere verfüttert.

Arganöl-Gewinnung in Handarbeit

Arbeitsgang	Gewicht	Arbeitszeit
Schälen	(Trockenfrüchte 34 kg) Fruchtmasse 13,5 kg Nüsse 20,5 kg	5 Std.
Aufbrechen	Schalen 18,0 kg Mandeln 2,2 kg	12 Std.
Rösten	Röstmandeln 2,1 kg	½ Std.
Mahlen		1 Std.
Kneten und	(Wasser ≈ 400 ml)	1 Std.
Pressen	Arganöl : 1 l ≈ 0,9 kg	

Um es ganz deutlich zu machen: Auf diese Weise gewinnt man nach mühsamer Ernte aus zwei Zentnern Früchten, dem durchschnittlichen Ertrag eines Arganbaumes, in fünf weiteren Arbeitsgängen von anderthalb Tagen Dauer gerade einen Liter Arganöl! Es ist kein Wunder, dass bei so geringem Ertrag langwieriger Plackerei auch die ländliche Herstellung von Arganöl rapide zurückging: Die jungen Frauen suchten sich anderweitig weniger mühselige Arbeit und andernorts bezahlte Erwerbsmöglichkeiten.

WELTNATURERBE ARGANERIE

In den neunziger Jahren des vergangenen Jahrhunderts wurde man auf die ökologischen – und ökonomischen – Probleme der Region endlich aufmerksam. Wo früher 100 Arganen in weiten Hainen wuchsen, standen nur noch 30 Bäume. Das Bevölkerungswachstum führte zu landwirtschaftlicher Übernutzung. Durch vermehrten Ackerbau, die Anlage großer Orangenplantagen, zunehmende Weidewirtschaft und wilden Holzeinschlag gingen jährlich 600 Hektar Arganenwald verloren – schätzungsweise eine Zahl von 25 000 gefällten Bäumen; der gesamte Bestand sank unter die Marke von 20 Millionen. Da ging nicht nur eine schleichende Desertifikation vonstatten, es drohte auch die herkömmliche Existenzgrundlage der ländlichen Bevölkerung zu verschwinden. Der vielseitige Ertrag der Bäume und die Herstellung des Arganöls waren zur Deckung des alltäglichen Lebensbedarfs in den abgelegenen Dörfern und Gebieten unverzichtbar, und wo die Haine schwanden, setzte die Landflucht vor allem der Jugend in die Städte ein – die dadurch wieder vor die Probleme einer immer wachsenden Einwohnerschaft ohne hinreichendes Auskommen gestellt wurden.

Darum galt es – die Analyse war rasch erstellt –, die natürlichen Ressourcen zu schützen und ihre Nutzung so zu gestalten, dass sie auch für die ansässigen Berber attraktiv war und mit ihren Lebensgewohnheiten und wirtschaftlichen Interessen in Einklang stand.

> »Nur dort, wo die Bevölkerung sich mit einem gegebenen Naturraum identifiziert, kann sie in die Verantwortung für den Erhalt natürlicher Ressourcen eingebunden werden«.

Das ist einer der Grundsätze von Entwicklungshilfe, hier formuliert von der deutschen »Gesellschaft für Technische Zusammenarbeit« (GTZ). Sie entwickelte und betreute in Zusammenarbeit mit den marokkanischen Instanzen ein regionales Projekt zu »Schutz und Bewirtschaftung der Arganen«, das auch die internationale Hilfsorganisation OXFAM (»...für eine gerechte Welt ohne Armut«) unterstützte. Bestätigung fand dieses zivilgesellschaftliche Unternehmen, als die UNESCO 1998 die Arganwälder im Südwesten Marokkos zum Biosphärenreservat und Weltnaturerbe erklärte und der reformfreudige König Mohammed VI. eine »Stiftung zum Schutz der Arganerie« errichtete.

Die Idee des GTZ-Projektes: Man muss der bäuerlichen Bevölkerung alternative Einkommensquellen erschließen und darum die Produktion und Vermarktung ihres einzigartigen Produktes Arganöl effizienter gestalten. Der Weg dazu: Kooperativen der Frauen schaffen, die in ihren Dörfern gemeinsam die Herstellung größerer Mengen und den Verkauf selber organisieren.

Herkömmlich verwertete man die Fruchternte in den Dörfern primär für den Eigenbedarf der Familie. Auch wenn die Nüsse geschält und getrocknet waren, wurden sie nicht auf einmal geknackt und gemahlen. Man bewahrte sie auf und verarbeitete sie erst nach und nach, wenn der alte Ölvorrat zur Neige ging. Der verkäufliche Überschuss war so natürlich gering und auch wenig interessant. Der Weg zum nächsten Markt war weit, und für einen Liter Arganöl wurde nicht viel mehr als ein Euro gezahlt. Das Geschäft machten einheimische Fabrikanten, die Arganmandeln billig kauften und in ihren Mühlen maschinell zu Öl verarbeiteten, und Händler, die es gar mit Frittieröl versetzten und auf den Straßen anpriesen. Das hat, bis heute, dem Geschmack und Ruf des köstlichen und kostbaren Arganöls mehr geschadet als die Story von den Nüssen aus dem Ziegenkot.

DÖRFLICHE KOOPERATIVEN DER FRAUEN

Das Entwicklungsprojekt Argan ging nun davon aus, dass man das Know-how und die Fertigkeit der Frauen einsetzen und fördern müsse, um die Vorzüge der Handpressung eines qualitätsreichen Arganöls auf dem Markt durchzusetzen und somit angemessene Preise und für die Berberfamilien reizvolle Einkünfte zu erzielen. Das war nicht einfach, denn in der sozialen Ordnung des Islam ist die Rolle der Frau auf das Haus beschränkt und den Männern untergeordnet. Dennoch gelang es, schon im Gründungsjahr 1995 die ersten Frauenkooperativen zu schaffen, 13 an der Zahl. Inzwischen sind es über 50 geworden, und ein Dachverband ist entstanden, die »Union des Cooperatives des Femmes de l'Arganeraie« (UCFA), der sich um die Selbstorganisation der Frauen kümmert und die Vermarktung ihrer wertvollen Produktion bis nach Europa – hauptsächlich Frankreich und Deutschland – in die Wege leitet. 80 Prozent des kostbaren Öls, das inzwischen ein schützendes Biozertifikat trägt, werden immer noch in Handarbeit gewonnen.

Die Herstellung folgt auch heute noch der traditionellen Weise, doch die Arbeitsgänge sind erleichtert und verkürzt worden. Nach entsprechender Vorbereitung bei den Bewohnern vor Ort und in Zusammenarbeit mit den lokalen Instanzen und regionalen Behörden wurden Kurse eingerichtet, in denen erfahrene Frauen ihre Kenntnisse einbringen und an jüngere weitergeben, lesen und schreiben erlernen, mit hygienischen Standards und technischen Hilfsmitteln vertraut gemacht werden. In den dörflichen Kooperativen, in denen zwischen 15 und 50 Frauen zusammenarbeiten, werden nun auch mechanische Hilfen eingesetzt. Durch Siebverfahren lässt sich das schwierige Schälen verkürzen, das Rösten kann über der Gasflamme besser abgestimmt werden, das Mahlen, Kneten und Pressen geschieht durch den Einsatz von Hand- oder elektrischen Mühlen und die Verwendung von Filtern einfacher und schneller – und der Ertrag ist reicher und reiner. So wurde beim Kneten einst aus Mangel an Trinkwasser oft Regenwasser aus Zisternen zugesetzt, das im Öl Keime hinterließ und dadurch seine Haltbarkeit auf höchstens sechs Monate begrenzte. Heute sind es 24 Monate, der Ölertrag ist um 20 Prozent gestiegen und die Arbeitszeit auf 10 bis 12 Stunden gesunken. Ein Problem und mühselig bleibt immer noch das zeitraubende Aufbrechen der Nüsse, das nicht selten auch Verletzungen an den Händen verursacht.

Schwierigkeiten bereitete lange der Aufbau direkter Vermarktungswege – im Inland, wo man an die alten billigen Bezüge und Beziehungen gewohnt war, und erst recht auf der einträglichen europäischen Ebene, wo man bis vor kurzer Zeit den kulinarischen Genuss und gesundheitlichen Wert des Arganöls überhaupt nicht kannte.

Das hat sich geändert. Mittlerweile kann ein Liter gutes Arganöl aus Handpressung auch in Marokko umgerechnet 20 Euro kosten, und hierzulande ist ein Viertelliter kaum unter 25 Euro zu erhalten – jedenfalls wenn es ein offizielles BIO-Siegel und den Vermerk »Handgepresst« trägt. Und man sollte sich über den Preis nicht wundern. Experten schätzen, dass jährlich 350 000 Tonnen Arganfrüchte geerntet werden, aus denen etwa 11 Millionen Liter Arganöl zu gewinnen sind. Scheinbar eine gewaltige Menge – aber umgerechnet sind das 10 000 Tonnen oder gerade drei Prozent hart erarbeiteter Ölertrag: wenig im Vergleich zu jährlich 2,4 Milliarden Litern Olivenöl, das bei guter Qualität ebenfalls seinen Preis hat.

GENUSS UND GESUNDHEIT

Und nicht zu vergessen: Die neue Wertschätzung und der wirtschaftliche Erfolg haben dem Baum und zwei Millionen Menschen in der Arganerie, von denen etwa 200 000 von der Nutzung der Arganen leben, wieder eine Perspektive und Hoffnung auf Bestand und Lebensauskommen gegeben. Der Erfolg der Frauenkooperativen hat zudem das Sozialgefüge in der Region beeinflusst. Die Männer merkten, dass die Arbeit ihrer Frauen Einkünfte ins Haus brachte, die ihnen dringend fehlten: für Kleidung oder um die Kinder zur Schule zu schicken – aber auch für kommunale Verbesserungen, die allen zugute kamen, wie Brunnen, Straßen und weitere infrastrukturelle Maßnahmen. Und mit der Anerkennung wuchs auch das Selbstbewusstsein der Berberfrauen – ganz im Sinne der humanitären internationalen Entwicklungshilfe wie auch König Mohammeds VI., der in seinem Land jüngst eine Reform des islamischen Familienrechts für die Gleichberechtigung der Frauen durchsetzte.

Die Berberstämme im Gebiet von Marokko haben den Ernährungsnutzen und den gesundheitlichen Wert des Arganöls wohl schon vor bald 1000 Jahren entdeckt, als der Islam und seine Reiche sich über den Norden Afrikas bis nach Spanien ausdehnten. Das ist für sich schon eine erstaunliche Erfolgsgeschichte: Wie kommen Menschen auf die Idee, dass in der Nuss einer ungenießbaren Baumfrucht winzige Samenkerne stecken, aus denen sich mit aufwändiger Mühsal ein schmackhaftes und nahrhaftes Öl herauspressen lässt?! Bei den Oliven schmeckt man den Ölgehalt ja bereits im reifen Fruchtfleisch, und bei den Sonnenblumen ergibt er sich schon beim Kauen der blank im Blütenkorb liegenden Kerne – der Gedanke, daraus Öl zu gewinnen, liegt also nicht fern. Aber es aus den harten Nüssen des dornigen Argangehölzes zu holen ...

Noch erstaunlicher ist wohl, dass die Berber frühzeitig auch den hohen gesundheitlichen Wert des Arganöls erkannten, wie die alten Berichte arabischer Wissenschaftler belegen. Sie verwendeten das wohltuende Öl nicht nur reichlich zum Kochen und Würzen ihrer traditionellen Gerichte, mischten den öligen Samenbrei, das Amlou, mit Honig zu einer wohlschmeckenden Paste, tunkten Brot und frisches Gemüse in Öl ein, aromatisierten damit Salate und decken so noch heute ein Viertel ihres alltäglichen Fettbedarfs.

Die Amazigh wussten aus schierer Erfahrung auch um die medizinischen Heilwirkungen ihres Arganöls – auch ohne die Inhaltsstoffe gekannt zu haben. Sie verwenden es gegen Sonnenbrand, Akne, Ekzeme und Schuppenflechte. Es desinfiziert Wunden und lässt sie schneller heilen, es schützt und revitalisiert Haut und Haare, lindert rheumatische Erkrankungen, es beugt der Arteriosklerose vor und senkt den Cholesterinspiegel.

Die Ursachen sind erst in jüngster Zeit wissenschaftlich untersucht worden und haben den alten Erfahrungswerten neue Erkenntnisse hinzugefügt. Danach übertrifft das Öl der Arganie durch seine besonderen Inhaltsstoffe alle anderen bekannten Öle an medizinischem und kosmetischem Wert: einen ungewöhnlich hohen Anteil an ungesättigten Fettsäuren (über 80 Prozent) und Antioxidantien wie Tokopherol sowie die wirksamen Bestandteile Querzetine und Myrizetine gegen Pilze und Bakterien und Sterine wie Schottenol und Spinasterol zur Vorbeugung gegen Krebs.

KULINARISCHE REZEPTE AUS ALFONS SCHUHBECKS KÜCHE

Umgang mit Arganöl

Arganöl wird hauptsächlich zum Würzen oder Verfeinern von Speisen verwendet. Es hat einen starken Eigengeschmack und sollte deshalb fein dosiert werden – nachgeben kann man immer noch etwas. Am wertvollsten und geschmacklich intensivsten ist es, wenn es nicht erhitzt, sondern erst am Ende der Garzeit dem jeweiligen Gericht beigefügt wird, oder das Gericht erst auf dem angerichteten Teller damit beträufelt wird. Um den Eigengeschmack des Arganöls recht zur Geltung zu bringen, benutzen wir zum Anbraten nur ein mildes, geschmacksneutrales, raffiniertes Pflanzenöl. Wird Öl kalt oder lauwarm verwendet, etwa für Marinaden, so kann man dafür ein hochwertiges, kalt gepresstes, mildes Olivenöl, beispielsweise aus Ligurien, ein mildes Rapsöl oder ein ähnliches Öl nehmen. Wichtig ist, dass diese hochwertigen Öle eben einen milden Eigengeschmack haben, damit sie das Arganöl nicht überdecken.

KÖSTLICHE VORSPEISEN

Für Salate wird Arganöl mit anderen hochwertigen, aber eben milden Pflanzenölen in Marinaden verarbeitet. Bei kalten Suppen kann es gleich zu Anfang hineingemixt werden, bei Rahmsuppen besser erst am Ende zusammen mit der Butter. Auf keinen Fall lässt man es mitköcheln – beträufeln Sie warme wie klare Suppen erst beim Anrichten damit. Früchtedrinks veredelt das nussige Arganöl und hilft zur Verwertung der fettlöslichen Vitamine.

APFEL-PAPAYA-MELONEN-DRINK

Zutaten
(Für 4 Personen)

2 reife Papaya, gekühlt
½ Honigmelone, gekühlt
3 Stangen Staudensellerie, gekühlt
4 aromatische Äpfel, gekühlt
2–3 TL Arganöl
1 Prise Cayennepfeffer

- Papaya und Melone schälen, halbieren und entkernen. Das Fruchtfleisch klein schneiden. 2 Selleriestangen waschen und klein schneiden. Evtl. vorhandene Sellerieblätter abzupfen und als Garnitur verwenden.

- Die Äpfel waschen, vierteln, entkernen und in Spalten schneiden.

- Apfelspalten und Sellerie in der Saftpresse entsaften. Papaya und Melone mit 300 ml kaltem Wasser im Mixer fein pürieren, den Apfel-Sellerie-Saft, Arganöl und Cayennepfeffer dazugeben und kurz durchmixen.

- Den Saft in 4 Longdrinkgläser füllen und je eine halbe Selleriestange zum Umrühren hineinstecken.

ROTE BETE-BIRNEN-DRINK MIT MÖHREN

Zutaten
(Für 4 Personen)

3 mittelgroße Rote Bete, gekühlt
2 Möhren, gekühlt
5 mittelgroße, reife Birnen, gekühlt
1–2 TL Arganöl
einige Tropfen Zitronensaft
Pfeffer aus der Mühle

- Rote Bete und Möhren mit einem Sparschäler schälen und in kleine Stücke schneiden. Die Birnen waschen, vierteln, entkernen und in Spalten schneiden.

- Rote Bete, Möhren und Birnen in der Saftpresse entsaften.

- Das Arganöl hineinrühren, bestenfalls hineinmixen und mit Zitronensaft und Pfeffer abschmecken.

FITNESSSALAT MIT GEBRATENEN GARNELEN

Zutaten
(Für 4 Personen)

Salat:

350 g gemischte, knackige Salatblätter (z. B. Chinakohl, Frisée, Radicchio, Eissalat, Chicorée, Kopfsalat, Romana)
2 EL Pinienkerne

Rahmdressing:

60 ml Gemüsebrühe
2 EL weißer Portwein
1 TL Salz
1 TL Zucker
1 Msp. Cayennepfeffer
1 halbierte Knoblauchzehe
1 Scheibe Ingwer
50 g Joghurt
50 g Sauerrahm
1 TL scharfer Senf
1–2 EL Rotweinessig
1 TL weißer Balsamico
1 TL Sherry medium dry
100 g mildes Pflanzenöl
1–2 EL Arganöl

Garnelen:

16 Riesengarnelen
1–2 TL mildes Pflanzenöl
1–2 EL Butter
1 kleiner Splitter Zimtrinde
1 kleines Stück Vanilleschote
1 geschälte und halbierte Knoblauchzehe
1 Scheibe Ingwer
1 TL „Schuhbecks Curry mild", ersatzweise fruchtiges Currypulver
Salz, Pfeffer aus der Mühle

Salat

Die Salatblätter waschen, trocken schleudern und in kleinere Stücke zupfen. Die Pinienkerne in einer Pfanne ohne Fettzugabe hell anrösten.

Rahmdressing

Brühe mit Portwein, Salz und Zucker in einem kleinen Topf aufkochen lassen, Cayennepfeffer hinzufügen, Knoblauch und Ingwer einlegen, auskühlen lassen und durch ein Sieb gießen.

Die Brühe mit Joghurt, Sauerrahm, Senf, Rotweinessig, Balsamico und Sherry mixen und dabei beide Ölsorten hineinlaufen lassen.

Garnelen

Die Riesengarnelen schälen, am Rücken entlang einschneiden und den Darm entfernen. Das Öl in einer Pfanne erhitzen, die Garnelen darin bei milder Hitze etwa 2 bis 3 Minuten anbraten und auf einem vorgewärmten Teller beiseitestellen.

Das Fett mit Küchenpapier aus der Pfanne tupfen und die Butter bei milder Hitze darin zerlassen. Zimt, Vanilleschote, Knoblauch und Ingwer dazugeben. Zuletzt das Curry unter die Butter rühren. Garnelen nochmals in der Gewürzbutter erwärmen und mit Salz und Pfeffer würzen.

Zum Anrichten die Salatblätter mit hinreichend Dressing marinieren, auf vier Teller verteilen und mit den Garnelen und Pinienkernen garnieren.

Tipp Mit gebratenen Jakobsmuscheln dekorieren.

KUSKUSSALAT

Zutaten
(Für 4 Personen)

120 g Kuskus
125 ml Gemüsebrühe
1 entkernte rote Chilischote
150 g junge Selleriestangen mit Blättern
200 g Kirschtomaten
300 g Salatgurke
1 Zwiebel
1–2 EL Rotweinessig
4–5 EL Arganöl
Salz, Pfeffer aus der Mühle
1 Prise „Schuhbecks Ras el hanout“ *(siehe Seite 107)*
1 Prise Zucker
1 TL fein geschnittene Minze
1 EL fein geschnittene Petersilie
1 EL Pistazien
1 EL Rosinen (in Hibiskustee eingeweicht)
1 EL gebräunte Mandelblättchen

Den Kuskus in der Gemüsebrühe bei schwacher Hitze aufkochen. Die Chilischote dazugeben und den Kuskus etwa 7 Minuten quellen und dann auskühlen lassen.

Sellerie waschen, die Blätter abzupfen und beiseitelegen, die Stangen in dünne Scheiben schneiden. Die Tomaten waschen und halbieren. Gurke schälen, längs halbieren, entkernen und in Würfel schneiden. Die Zwiebel schälen und fein schneiden.

Den Essig mit Arganöl verrühren. Die Marinade mit Salz, Pfeffer, Ras el hanout, Zucker und den Kräutern abschmecken. Kuskus, Gemüse, Pistazien, Rosinen, Mandelblättchen mit der Marinade verrühren und servieren.

MEDITERRANES KRÄUTERDRESSING

Zutaten
(Für 4 Personen)

75 g Fetakäse
125 ml Gemüsebrühe
1 ½ EL Rotweinessig
1 Msp. gehackter Knoblauch
2 EL mildes Pflanzenöl
3 EL Arganöl
Salz, schwarzer Pfeffer aus der Mühle
1 Prise Zucker
1 Prise Cayennepfeffer

Fertigstellung:
2 EL entsteinte, schwarze Oliven
1 EL frisch gehackte Kräuter wie Basilikum, Petersilie, Dill, Kerbel
1 Prise getrockneter Oregano
Salz, schwarzer Pfeffer aus der Mühle
1 Prise Zucker

Den Fetakäse zerbröckeln und mit Brühe, Essig und Knoblauch in einen Mixbecher füllen. Pürieren und unter weiterem Mixen das Öl hineinlaufen lassen. Mit Salz, Pfeffer, Zucker und Cayennepfeffer würzen. Bis zum Gebrauch zugedeckt kalt stellen.

Fertigstellung

Die Oliven fein hacken, mit den gehackten Kräutern und Oregano in das Dressing rühren und mit Salz, Pfeffer und Zucker nachwürzen.

Das Dressing passt gut für gemischte Blattsalate, auch mit Tomaten, Gurken und anderen Gemüsen gemischt, zu gegrilltem Lamm oder Schwein.

GAZPACHO

Zutaten
(Fur 4 Personen)

Croutons:
2 Scheiben Toastbrot
40 g Butter

Gazpacho:
1 kleinere Salatgurke
3–4 Tomaten
2 rote Paprikaschoten
300 ml kaltes Wasser
1 EL Rotweinessig
2 Scheiben Knoblauch
4 EL mildes Pflanzenöl
I EL Arganol
Salz
1 Prise Zucker
1 Prise Cayennepfeffer
Kräuterblättchen zum Garnieren

Croutons

Das Toastbrot entrinden, in kleine Würfel schneiden, in der Butter bei milder Hitze goldbraun anbraten, auf einem Sieb abgießen, auf Küchenpapier abtropfen lassen und leicht salzen.

Gazpacho

Die Gurke schälen, längs halbieren, mithilfe eines Esslöffels die Kerne entfernen, die Tomaten waschen, vierteln, entstrunken und entkernen, die Paprikaschoten waschen, entstrunken und entkernen. Von allen Gemüsesorten so viel in kleine Würfel schneiden, dass es jeweils etwa einen Esslöffel ergibt. Das übrige Gemüse grob zerkleinern, mit Wasser, Essig und Knoblauch in einem Mixer pürieren. Unter weiterem Mixen das Pflanzenöl mit dem Arganöl hinzufügen und je nach Konsistenz noch etwas Wasser hinzufügen. Mit Salz, Zucker und einer Prise Cayennepfeffer würzen.

Im Kühlschrank gut durchkühlen lassen, anschließend nochmals nachschmecken, in kalten Tassen anrichten, mit Croutons bestreuen und mit Kräuterblättchen garnieren.

KLARE KARTOFFEL-FENCHEL-SUPPE

Zutaten
(Für 4 Personen)

400 g Kartoffeln
1 Zwiebel
2 Karotten
½ Fenchelknolle
2 Stangen Staudensellerie
1–2 E mildes Pflanzenöl
1,2 l Gemüsebrühe
1 Lorbeerblatt
je 1 TL Korianderkörner und Fenchelsaat
1 EL schwarze Pfefferkörner
Salz
1 Prise Cayennepfeffer
1 EL Arganöl
1 EL frisch geschnittene Petersilie

Kartoffeln, Zwiebeln und Karotten schälen, Fenchel und Staudensellerie putzen und waschen. Alle Gemüsesorten in etwa 1 cm große Würfel oder Blätter schneiden.

In einem Topf im Pflanzenöl glasig anschwitzen, mit der Brühe auffüllen, das Lorbeerblatt einlegen und in 20 bis 30 Minuten knapp unter dem Siedepunkt weich ziehen lassen.

Koriander, Fenchel und Pfeffer in eine Gewürzmühle füllen. Die Suppe mit Salz, Cayennepfeffer und den Gewürzen aus der Mühle abschmecken, mit Arganöl beträufeln und die Petersilie hineinstreuen.

GEEISTE GURKEN-AVOCADO-SUPPE

Zutaten
(Für 4 Personen)

Suppe:

1 Salatgurke
1 reife Avocado
600 ml kaltes Wasser
2 EL Essig
1–2 TL Zitronensaft
Salz
1 Prise Zucker
1 gehackte Knoblauchzehe
je 1 Msp. Orangen- und Limettenabrieb
1–2 TL Arganöl
70 g Sahne
1 Prise Cayennepfeffer
einige Dillzweige zum Garnieren

Croutons:

2 Scheiben Toastbrot
40 g Butter
1 Zweig Thymian
1 Knoblauchzehe in der Schale

Suppe

Die Gurke schälen, längs halbieren, entkernen und klein schneiden, die Avocado schälen, halbieren und klein schneiden.

Die Gurken- und Avocadostückchen in einen Mixer geben. Wasser, Essig, Zitronensaft, Salz, Zucker, Knoblauch, Orangen- und Limettenabrieb sowie Arganöl hinzufügen, alles pürieren und zuletzt die Sahne und etwas Cayennepfeffer unterrühren.

Einige Stunden im Kühlschrank gut durchziehen lassen.

Croutons

Das Toastbrot entrinden, in kleine Würfel schneiden, Butter in eine Pfanne geben und die Toastbrotwürfel bei milder Hitze mit dem Thymianzweig und Knoblauch hell rösten. Auf Küchenpapier abtropfen lassen, Thymian und Knoblauch entfernen.

Zum Anrichten die Suppe in gut gekühlte Suppenteller oder Suppentassen verteilen, mit Croutons bestreuen und mit Dill garnieren.

ZITRONENSUPPE MIT GRÜNEM SPARGEL UND MANDELN

Zutaten
(Für 4 Personen)

3 Schalotten
1 Bund grüner Spargel
Salz
250 g Kirschtomaten
50 g ganze, geschälte Mandeln
1 EL mildes Pflanzenöl
80 ml Weißwein
¾ l Geflügelbrühe
3 Pimentkörner
1 TL schwarze Pfefferkörner
1 Lorbeerblatt
5 Streifen unbehandelte Zitronenschale
¼ ausgekratzte Vanilleschote
1 geschälte, halbierte Knoblauchzehe
50 g Mascarpone
1 EL Arganöl
1 Prise Cayennepfeffer
etwas frisch geriebene Muskatnuss
Saft von ½ Zitrone
1 EL frisch geschnittene Petersilie

Die Schalotten schälen und in Ringe schneiden. Den Spargel im unteren Drittel schälen, die holzigen Enden entfernen und in 2 bis 3 cm lange Stücke schneiden. In Salzwasser bissfest blanchieren, in kaltem Wasser abschrecken und auf einem Sieb abtropfen lassen. Die Kirschtomaten waschen und vierteln. Die Mandeln grob hacken und in einer Pfanne bei milder Hitze ohne Fettzugabe hell rösten.

Die Schalotten in einem Topf im Pflanzenöl bei milder Hitze glasig anschwitzen. Mit Weißwein ablöschen, etwas einköcheln lassen, mit der Brühe auffüllen. Piment- und Pfefferkörner in einen Gewürzbeutel füllen, verschließen und mit dem Lorbeerblatt in die Suppe legen. 10 Minuten mehr ziehen als köcheln lassen. Kirschtomaten, Zitronenschale, Vanille und Knoblauch einlegen und weitere 5 Minuten darin ziehen lassen.

Die Suppe durch ein Sieb gießen, den Mascarpone mit dem Arganöl hineinmixen und in den Topf zurückgeben. Die Spargelstücke und die Mandelsplitter in die Suppe geben und mit Salz, Cayennepfeffer, Muskat und Zitronensaft abschmecken.

In warme Suppenteller füllen und mit Petersilie bestreuen.

Zutaten
(Für 4 Personen)

½ Zwiebel
1 EL mildes Pflanzenöl
300 g Erbsen, tiefgekühlt
750 ml Geflügelbrühe
80 g Sahne
20 g kalte Butter
1–2 TL Arganöl
Salz
1 Prise Cayennepfeffer
etwas frisch geriebene Muskatnuss
4 mittelgroße Kopfsalatblätter
80 g gekochter Schinken
1 EL Petersilie
1 EL frisch geschnittene Minze
4 Minzezweige als Garnitur

- Die Zwiebel schälen, in kleine Würfel schneiden und in einem Topf bei milder Hitze im Öl anschwitzen. Die Erbsen hinzufügen, mit der Brühe aufgießen, 3 bis 5 Minuten knapp unter dem Siedepunkt weich durchziehen lassen. 4 EL Erbsen als Einlage herausnehmen, die Sahne in die Suppe geben, kurz darin erhitzen, die Butter mit dem Arganöl hinzufügen und in einem Mixer pürieren. Mit Salz, Cayennepfeffer und Muskat abschmecken.

- Die Kopfsalatblätter waschen, trocken tupfen und in feine Streifen schneiden, den Schinken klein würfeln. Mit Erbsen, Petersilie und Minze in tiefen warmen Tellern verteilen, die Suppe nochmals aufschäumen und auf der Einlage verteilen. Mit Minzezweigen garnieren.

KOPFSALAT-ERBSEN-SUPPE MIT MINZE

Zutaten
(Für 4 Personen)

600 g Muskatkürbis
0,75 l Geflügelbrühe
150 g Sahne
1 EL Curry, mild
1 halbierte Knoblauchzehe
1 Scheibe Ingwer
1 Splitter einer Zimtrinde
½ ausgekratzte Vanilleschote
40 g kalte Butter
1 EL Arganöl
Salz

KÜRBISSUPPE MIT CURRY

Den Kürbis schälen, die Kerne entfernen und in 1 cm große Würfel schneiden.

Die Kürbiswürfel in der Geflügelbrühe etwa 20 Minuten knapp unter dem Siedepunkt weich garen. Die Sahne mit dem Curry hinzufügen und pürieren.

Knoblauch, Ingwer, Zimt und Vanille einlegen, einige Minuten in der Brühe ziehen lassen und danach entfernen. Die Butter mit dem Arganöl hineinmixen und mit Salz und Curry abschmecken.

Tipp Als Einlage eignen sich rote Bohnen oder pochierte Fischwürfel.
Einen rustikalen Charakter erhält die Suppe, wenn beim Garziehen der Kürbiswürfel ein Einwegteebeutel in der Suppe mitzieht, in den man ein Lorbeerblatt, 5 Pimentkörner, 3 Wacholderbeeren und 1 TL schwarze Pfefferkörner gefüllt hat. Zum Abschmecken in einer Pfanne 1 TL Puderzucker hell karamellisieren lassen, mit einem Schuss Weinessig ablöschen, auf ein Drittel einköcheln lassen und die Suppe zum Schluss damit würzen.

WEISSE BOHNENSUPPE

Zutaten
(Für 4 Personen)

700 g große weiße Bohnen aus der Dose
½ kleine Zwiebel
1 kleine Stange Staudensellerie
1 kleine Karotte
1 TL schwarze Pfefferkörner
1 kleines Lorbeerblatt
1 Splitter einer Zimtrinde
½ Knoblauchzehe
1 l Geflügelbrühe
1–2 EL Mascarpone
1 EL Arganöl
Salz
1 Prise Cayennepfeffer
1 EL frisch geschnittene Petersilie

Die Bohnen auf einem Sieb kurz abwaschen und abtropfen lassen. Die Zwiebel schälen und in kleine Würfel schneiden. Den Sellerie gründlich waschen, die Karotte schälen und beides in dünne Scheiben schneiden.

Pfefferkörner, Lorbeer, Zimt und Knoblauch in einen Einwegteebeutel füllen und verschließen. Den Gewürzbeutel mit Zwiebeln, Sellerie, Karotten und Geflügelbrühe in einen Topf geben und 10 bis 15 Minuten garen. Den Gewürzbeutel entfernen und die gekochten Bohnen hinzufügen.

Ein Drittel der Einlage mit einer Schaumkelle herausheben. Den Mascarpone mit dem Arganöl zum Rest in die Suppe geben und mit einem Mixer fein pürieren. Die Einlage wieder in die Suppe geben, mit Salz und Cayennepfeffer abschmecken und die Petersilie hineinrühren.

MINESTRONE

MIT SAFRAN-GRIESSKLÖSSCHEN

Zutaten
(Für 4 Personen)

Grießklößchen:
120 g Hartweizengrieß
175 ml kalte Gemüsebrühe
175 ml Milch
einige Safranfäden
1 ungeschälte Knoblauchzehe
etwas frisch geriebene Muskatnuss
Salz, Pfeffer aus der Mühle
1 Ei
1 Eigelb
50 g braune Butter

Minestrone:

1 Zwiebel
1 Karotte
½ dünne Lauchstange
1 Stange Staudensellerie
½ kleine Zucchini
3 Tomaten
80 g feine grüne Bohnen
Salz
1 EL mildes Pflanzenöl
1 EL Tomatenmark
1 l Gemüsebrühe
1 Scheibe Knoblauch
1 Lorbeerblatt
1 Scheibe Ingwer
1 Streifen unbehandelte Zitronenschale
60 g grüne, blanchierte Erbsen
1 Prise Cayennepfeffer
3–4 TL Arganöl
1 EL frisch geschnittene Petersilie

Grießklößchen

Den Grieß in einem Topf ohne Fettzugabe mild rösten, bis er anfängt zu duften. Die Brühe mit Milch, Safran und Knoblauchzehe aufkochen, mit Muskat, Salz und Pfeffer würzen, Knoblauch entfernen und den Grieß hineinrühren. Einige Minuten leise köcheln lassen, vom Herd ziehen, etwas abkühlen lassen, Ei und Eigelb verquirlen, hineinrühren und zum Schluss mit der braunen Butter abschmecken.

Mit zwei nassen Teelöffeln Klößchen daraus formen und bis zum Gebrauch zugedeckt aufbewahren. Bei Bedarf in Salzwasser etwa 8 Minuten leise sieden lassen. Mit einer Schaumkelle herausnehmen, abtropfen lassen und in die Suppe legen.

Minestrone

Zwiebel und Karotte schälen, die Zwiebel in kleine Würfel, die Karotte in Scheiben schneiden. Den Lauch gründlich waschen und quer in ½ cm breite Streifen schneiden. Den Staudensellerie waschen und schräg in ½ cm breite Stücke schneiden. Die Zucchini waschen, entstrunken, längs halbieren oder vierteln und quer in ½ cm dicke Scheiben schneiden. Die Tomaten 15 bis 20 Sekunden in kochendes Wasser tauchen, in kaltem Wasser abschrecken, enthäuten, vierteln, entkernen und in kleine Würfel schneiden. Die Bohnen putzen, in 2 cm lange Stücke schneiden, in Salzwasser blanchieren, in kaltem Wasser abschrecken und abtropfen lassen.

Das Öl in einen Topf geben und Zwiebeln, Karotten und Staudensellerie bei milder Hitze glasig anschwitzen. Das Tomatenmark hineinrühren, mit der Brühe auffüllen, Knoblauchscheibe, Lorbeerblatt, Ingwer und Zitronenschale einlegen und knapp unter dem Siedepunkt 15 Minuten mehr ziehen als köcheln lassen. Lauch, Zucchini, Erbsen, Tomaten und die blanchierten Bohnen hineingeben und weitere 5 Minuten darin fertig garen.

Die ganzen Gewürze anschließend entfernen. Mit Salz und Cayennepfeffer abschmecken.

Die Suppe in vorgewärmte tiefe Teller verteilen, mit Arganöl beträufeln, mit Petersilie bestreuen und die Safran-Grießklößchen einlegen.

KLEINE DELIKATESSEN

Bei den kleinen Delikatessen wird das Öl in Marinaden gemischt oder zum Schluss beispielsweise unter einen Risotto gezogen, genau wie bei den Brotaufstrichen. Meistens entfaltet es auch hier seinen Reiz am frischesten, wenn man es über die fertigen Gerichte träufelt und bei Tisch mit ein paar Tropfen nachwürzt.

ARTISCHOCKEN MIT LIMETTENRAHM

Zutaten
(Für 4 Personen)

Artischocken:
4 große Artischocken
Salz
3 Zitronenscheiben

Limettenrahm:
100 g Crème fraîche
4–5 EL Sahne
1 TL Limettensaft
1 TL Arganöl
½ TL Limettenabrieb
Salz
Cayennepfeffer

Artischocken

Von den Artischocken den Stiel abschneiden und in leicht gesalzenem Wasser mit den Zitronenscheiben in etwa 30 bis 35 Minuten gar kochen. Die Artischocken sind gar, wenn sich die Blätter leicht lösen. Vom Herd nehmen und bis zum Gebrauch im warmen Wasser liegen lassen.

Die Artischocken bei Bedarf aus dem Wasser heben, das Wasser abtropfen lassen und auf Vorspeisenteller setzen. Blatt für Blatt abzupfen, mit dem unteren, fleischigen Ende in den Dip eintauchen und mit den Zähnen abziehen, der überwiegend holzige Teil der Blätter wird entfernt. Sind alle Blätter abgezupft, bleibt der Artischockenboden samt Heu übrig. Das Heu ist ungenießbar und wird mit einem Teelöffel entfernt, der übrige Boden wird geviertelt und mit dem Dip verzehrt.

Limettenrahm

Crème fraîche mit Sahne, Limettensaft und Arganöl glatt rühren und den Limettenabrieb dazugeben, mit Salz und Cayennepfeffer abschmecken.

GERÖSTETES BAUERNBROT MIT PFIFFERLINGEN UND PETERSILIE

Zutaten
(Für 4 Personen)

400 g Pfifferlinge
150 g Kirschtomaten
1 Bund Rucola
2 EL Gemüsebrühe
1 EL Rotweinessig
1 Msp. scharfer Senf
2 EL mildes Pflanzenöl
1–2 TL Arganöl
Salz, Pfeffer aus der Mühle
1 Knoblauchzehe
1 Msp. gehackter Ingwer
1 EL frisch geschnittene Petersilie
4 Scheiben Bauernbrot

Die Pfifferlinge putzen und größere Exemplare zerkleinern. Die Kirschtomaten waschen und halbieren. Die entstielten Rucolablätter waschen und abtropfen lassen.

Die Gemüsebrühe mit Essig, Senf, 1 EL Pflanzenöl und Arganöl zu einer Vinaigrette verrühren und mit Salz und Pfeffer würzen.

Die Knoblauchzehe schälen und klein hacken. Das restliche Öl in einer Pfanne erhitzen und die Pilze darin anbraten. Die Kirschtomaten dazugeben, mit Salz und Pfeffer würzen. Knoblauch, Ingwer und Petersilie dazugeben.

Die Bauernbrotscheiben auf beiden Seiten unter dem Grill oder im Toaster rösten. Die Rucola in der Vinaigrette wenden, auf das Brot geben, die Pfifferlinge darauf verteilen.

STEINPILZPIZZA

Zutaten
(Für 4 Personen)

Tomatensauce:
½ Zwiebel
1 gehackte Knoblauchzehe
4 EL mildes Pflanzenöl
300 g geschälte Tomaten aus der Dose
2 Lorbeerblätter
1 Prise Oregano
Salz
1 Prise Cayennepfeffer

Teig:
10 g Hefe (¼ Würfel)
1/8 l lauwarmes Wasser
250 g Mehl
1 gestr. TL Salz
2 EL mildes Pflanzenöl

Pizza:
150 g kleinere, feste Steinpilze
1 Bund Rucola
2 EL mildes Pflanzenöl
Mehl zum Ausrollen
120 g scharfe Salami
375 g Mozzarella
½–1 EL Butter
1–2 TL mildes Pflanzenöl
Salz, Pfeffer
Basilikumblätter zum Garnieren
1–2 EL Arganöl

Tomatensauce

Die Zwiebel schälen, in kleine Würfel schneiden und mit gehacktem Knoblauch in einem kleinen Topf bei milder Hitze in 1 EL Pflanzenöl glasig anschwitzen, die Tomatenstücke hinzufügen, Lorbeerblätter einlegen und 15 bis 20 Minuten köcheln lassen. Mit Oregano, Salz und Cayennepfeffer abschmecken.

Teig

Die Hefe im lauwarmen Wasser auflösen und mit Mehl, Salz und Pflanzenöl zu einem glatten Teig verkneten. In eine Schüssel legen und mit Klarsichtfolie bedeckt an einem warmen Ort eine halbe Stunde gehen lassen.

Pizza

Die Steinpilze putzen und in Scheiben schneiden, die Rucola waschen, die Blätter von den Stielen zupfen.

Den Backofen auf 250°C vorheizen. Ein tiefes Backblech oder 2 kleine Pizzaformen mit etwas Öl einpinseln.

Den Teig auf einer bemehlten Arbeitsfläche zu einer Platte ausrollen, die etwas größer ist als das Backblech, und das Blech damit auslegen. Die Tomatensauce darauf verteilen. Wurst und Mozzarella in Scheiben schneiden, die Wurst auf die Sauce legen, die Mozzarella zerpflücken und über das Ganze streuen.

Auf der untersten Einschubleiste im vorgeheizten Backofen etwa 15 bis 20 Minuten backen, bis der Teig gebräunt ist.

In der Zwischenzeit die Steinpilze in einer Pfanne in Butter und Öl braten, salzen und pfeffern. Rucola, Steinpilze und Basilikumblätter auf die fertig gebackene Pizza legen und mit Arganöl beträufeln.

PEPERONISUPPE MIT GRAUPEN UND TOMATEN-APRIKOSEN-PESTO

Zutaten

(Für 4 Personen)

Peperonisuppe:

100 g Perlgraupen
Salz
1 Döschen Safranfäden
1 große Zwiebel
je 3 grüne und rote türkische Peperoni oder Spitzpaprika
1 EL mildes Pflanzenöl
1 Schuss Weißwein
1,2 l Gemüsebrühe
1 Lorbeerblatt
1 Streifen unbehandelte Zitronenschale
Salz
1 Prise Cayennepfeffer

Tomaten-Aprikosen-Pesto:

40 g getrocknete, nicht eingelegte Tomaten
¼ l Wasser
1 EL Weißweinessig
40 g getrocknete Aprikosen
½ kleine Knoblauchzehe in Scheiben
1 EL geröstete Mandelblättchen
1 EL frischer, fein geriebener Parmesan
60 ml mildes Pflanzenöl
3 EL Arganöl
1 kleine Prise Zucker
Pfeffer aus der Mühle
evtl. Salz

Peperonisuppe

Die Graupen in Salzwasser mit Safran in 35 bis 40 Minuten weich kochen und auf einem Sieb abgießen.

Die Zwiebel schälen und in 1 bis 1½ cm große Scheiben schneiden. Die Peperoni waschen, entstrunken, entkernen und in Rauten schneiden.

Zwiebeln und Peperoni in einem Topf in wenig Öl bei milder Hitze glasig anschwitzen, mit Weißwein ablöschen, reduzieren lassen und mit der Brühe auffüllen. Lorbeerblatt und Zitronenschale einlegen, 7 bis 8 Minuten darin ziehen lassen, Gewürze anschließend entfernen. Die Graupen in die Suppe geben, 2 Löffel Pesto hineinrühren und mit Salz und Cayennepfeffer abschmecken.

Tomaten-Aprikosen-Pesto

Die getrockneten Tomaten in Wasser mit Weißweinessig knapp unter dem Siedepunkt etwa eine halbe Stunde ziehen und hinterher auf einem Sieb gut abtropfen lassen. Die Aprikosen klein schneiden. Den Knoblauch in Scheiben schneiden.

Die weichen Tomaten mit Aprikosen, Knoblauch, Mandeln, Parmesan, dem Pflanzenöl und Arganöl pürieren und mit einer kleinen Prise Zucker, Cayennepfeffer und gegebenenfalls Salz abschmecken.

Tipp Darauf achten, dass alle Samen und Fäden der Peperoni entfernt sind, da diese häufig sehr scharf sind.

TOMATEN-OLIVEN-TATAR IM PARMESANKÖRBCHEN

Parmesankörbchen

Eine beschichtete Pfanne bei mittlerer Temperatur erhitzen. Ein Viertel des geriebenen Parmesans in einem Durchmesser von etwa 12 cm gleichmäßig in die Pfanne streuen. Darin hell bräunen, die Pfanne vom Herd nehmen und die Parmesanhippe darin kurz abkühlen lassen, bis sie zwar noch elastisch ist, aber mit einer Palette gelöst werden kann. Möglichst heiß in ein kleines Schälchen drücken und auskühlen lassen.

Tomaten-Oliven-Tatar

Die Tomaten überbrühen, enthäuten, vierteln, entkernen und in kleine Würfel schneiden. Die Oliven klein schneiden. Die Schalotte schälen und in kleine Würfel schneiden. Tomaten, Oliven und Schalotten mit Knoblauch, Essig, Oliven- und Arganöl mischen und mit Salz und Pfeffer abschmecken.

Zum Anrichten die Parmesankörbchen auf Teller stellen, das Tomatentatar hineinfüllen und mit Basilikum garnieren.

Tipp Der Parmesan sollte unbedingt in einer beschichteten Pfanne gebraten werden, damit er sich gut von der Pfanne löst und schnell in Form gebracht werden kann.

Zutaten
(Für 4 Personen)

Parmesankörbchen:
100 g fein geriebener Parmesan

Tomaten-Oliven-Tatar:
10 reife Tomaten
50 g entsteinte schwarze Oliven
1 Schalotte
½ Knoblauchzehe
1 TL Rotweinessig
1–2 EL mildes Olivenöl
2 TL Arganöl
Salz, Pfeffer aus der Mühle
4 Basilikumzweige zum Garnieren

RICOTTA-GNOCCHI IN ZITRONENSAUCE, MIT RUCOLA UND PARMESAN

Zutaten
(Für 4 Personen)

Ricotta-Gnocchi:

800 g Ricotta
140 g fein geriebener Parmesan
3 Eier
270 g doppelgriffiges Mehl
Salz
frisch geriebene Muskatnuss
2 EL warme, flüssige braune Butter
doppelgriffiges Mehl zum Bearbeiten
mildes Pflanzenöl für das Tablett

Zitronensauce:

1 Zwiebel
250 ml Gemüsebrühe
1 kleines Lorbeerblatt
80 g Mascarpone
Salz
1 Prise Cayennepfeffer
einige Tropfen Zitronensaft
Abrieb einer halben unbehandelten Zitrone

Zum Anrichten:

½ Bund Rucola
Salz, Pfeffer aus der Mühle
frisch geriebene Muskatnuss
50 g Parmesan am Stück
1 EL Arganöl

Ricotta-Gnocchi

Alle Zutaten zu einem glatten Teig verkneten, mit reichlich Mehl zu 2 cm dicken Rollen formen und in 1 bis 2 cm lange Stücke schneiden. Die Gnocchi in siedendem Salzwasser garen, bis sie nach oben steigen, und weitere 2 Minuten ziehen lassen. Herausheben und auf einem geölten Tablett auskühlen lassen.

Zitronensauce

Die Zwiebel schälen, klein würfeln, bei milder Hitze in einem Topf glasig anschwitzen, mit Brühe auffüllen, das Lorbeerblatt einlegen, 10 Minuten knapp unter dem Siedepunkt ziehen lassen und das Lorbeerblatt entfernen. Den Mascarpone hineinmixen und mit Salz, Cayennepfeffer, Zitronensaft und Zitronenabrieb abschmecken.

Zum Anrichten die Rucola waschen, die Blätter von den Stielen zupfen und klein schneiden. Die Gnocchi in der Sauce erhitzen, die Rucola darunterziehen und mit Salz, Pfeffer und etwas Muskat würzen. Auf warmen Tellern anrichten, frischen Parmesan darüberhobeln und mit Arganöl beträufeln.

KÄSEPFLANZERL MIT SÜSS-SAUREM PAPRIKA-KÜRBIS-GEMÜSE

Zutaten

(Für 4 Personen)

Käsepflanzerl:

200 g Almkäse
700 g Quark
80 g Toastbrot
30 g weiche Butter
2 Eigelb
Salz, Pfeffer aus der Mühle
1 Prise gemahlener Kümmel
1 Prise frisch gemahlene Muskatnuss
2 EL mildes Pflanzenöl
100 g Weißbrotbrösel

Paprika-Kürbis-Gemüse:

1 weiße Zwiebel
je 1 rote und gelbe Paprikaschote
1 kleine Zucchini
150 g Muskatkürbis
40 g Puderzucker
100 ml Weißweinessig
Salz
Pfeffer und Piment aus der Mühle
1 Prise Cayennepfeffer
1 Prise Bohnenkraut
100 ml Gemüsebrühe
4 EL mildes Pflanzenöl
1 EL Arganöl
je 2 Scheiben Ingwer und Knoblauch

Käsepflanzerl

Den Käse in kleine Würfel schneiden oder auf einer Reibe grob reiben. Den Quark in einem Küchentuch gut ausdrücken, sodass etwa 400 g Quark übrig bleibt. Toast in kleine Würfel schneiden.

Die Butter mit dem Eigelb glatt rühren. Quark und Käsewürfel dazugeben und die Weißbrotwürfel daruntergrarbeiten. Mit Salz, Pfeffer, Kümmel und Muskat würzen.

Die Masse 30 Minuten ziehen lassen. Mit feuchten Händen daraus kleine, relativ flache Pflanzerl formen und in Semmelbrösel wenden.

In einer Pfanne im Öl bei milder Hitze auf beiden Seiten langsam bräunen. Auf Küchenpapier abtropfen lassen. Bräunen die Pflanzerl zu schnell, sollten sie noch einige Minuten im vorgeheizten Backofen bei 175°C gegart werden, damit sie innen durchbacken.

Paprika-Kürbis-Gemüse

Die Zwiebel schälen, die Paprikaschoten waschen, halbieren, entstrunken und entkernen, die Zucchini putzen, den Kürbis schälen und entkernen. Zwiebel, Paprika und Kürbis in Rauten schneiden. Die Zucchini längs halbieren und in Scheiben schneiden.

In einer Pfanne den Puderzucker hell karamellisieren, mit dem Essig ablöschen und einreduzieren. Das Gemüse hineingeben und darin bei milder Hitze andünsten. Mit Salz, Pfeffer, Piment, Cayennepfeffer und Bohnenkraut würzen, die Brühe angießen, das Gemüse darin 5 Minuten ziehen lassen, das Ganze vom Herd nehmen, das Öl mit Arganöl, Knoblauch und Ingwer hinzufügen.

Gegebenenfalls mit Salz, Zucker, Pfeffer und Essig abschmecken.

LINGUINE MIT GORGONZOLA-BIRNEN-SAUCE

Zutaten
(Für 4 Personen)

400 g Linguine
Salz
1–2 EL mildes Pflanzenöl
1 kleinere reife Birne
250 ml Gemüsebrühe
4 EL Sahne
80 g Gorgonzola
20 g Butter
1 Prise Cayennepfeffer
etwas frisch geriebene Muskatnuss
Pfeffer aus der Mühle
Salz
1 EL Arganöl

Die Nudeln in reichlich siedendem Salzwasser bissfest kochen, dabei gelegentlich umrühren. Auf einem Sieb abgießen, kurz ausdampfen lassen, auf einem Tablett ausbreiten, mit dem Öl vermischen und bis zum Gebrauch zugedeckt aufbewahren.

Die Birne schälen, entkernen und in kleine Würfel schneiden.

Brühe und Sahne erhitzen, Gorgonzola und Butter hineinmixen. Die Birnenwürfel hineingeben und darin je nach Reifegrad einige Minuten knapp unter dem Siedepunkt ziehen lassen, bis sie weich sind. Mit Cayennepfeffer, Muskat, Pfeffer aus der Mühle und, wenn nötig, noch mit Salz würzen.

Die Nudeln in der Sauce erhitzen, zuletzt das Arganöl hinzufügen und auf warmen Pastatellern anrichten.

AUBERGINEN-SARDELLEN-AUFSTRICH

Zutaten

300 g grobes Meersalz
3 Rosmarinzweige
1 große Aubergine
Salz
3 EL mildes Pflanzenöl
3 Sardellenfilets
2 Schalotten
1 Msp. geschälter, gehackter Knoblauch
100 g Mascarpone
50 g Ricotta
2 EL Arganöl
1 TL kleine Kapern
Cayennepfeffer

Das Meersalz auf einem Backblech verteilen und Rosmarinzweige darauflegen. Die Aubergine längs halbieren, das Fruchtfleisch über Kreuz einschneiden, mit der Schnittseite nach oben auf das Salzbett legen, salzen und mit 2 EL Pflanzenöl beträufeln. Bei 200°C im vorgeheizten Ofen etwa 20 bis 30 Minuten backen. Das Fruchtfleisch mit einem Löffel herausholen und grob hacken.

Die Sardellen in feine Streifen schneiden. Die Schalotten schälen, in kleine Würfel schneiden und mit Knoblauch in einer Pfanne mit 1 EL Öl bei milder Hitze anschwitzen. Mit gehacktem Auberginenfleisch, Sardellen, Tomaten, Mascarpone, Ricotta, Arganöl und Kapern verrühren und mit Salz und Cayennepfeffer abschmecken.

KICHERERBSEN-AUFSTRICH

Zutaten

1 EL Kreuzkümmel
1 EL Kardamomkörner
200 g gekochte Kichererbsen aus der Dose
50 ml Brühe
100 g Mascarpone oder Frischkäse
3 EL Arganöl
½ TL „Schuhbecks Ras el hanout" (siehe Seite 107)
Salz
Cayennepfeffer
hauchdünn geschnittener Parmaschinken

Kreuzkümmel und Kardamom in eine Gewürzmühle füllen. Die Kichererbsen mit etwas Brühe glatt mixen. Mit Mascarpone und Arganöl verrühren, mit Ras el hanout, Salz und Cayennepfeffer abschmecken. Beliebige Brotscheiben damit bestreichen und mit hauchdünn geschnittenen Parmaschinkenscheiben belegen oder als Dip verwenden.

RAFFINIERTE PASTA UND GEMÜSE

Arganöl kommt auch hier wieder erst kurz vor dem Anrichten auf das Gericht. Es sollte nicht in das Nudelwasser gegeben werden, auch nicht nach dem Kochen direkt an die Nudeln, falls diese auf Vorrat gekocht und später wieder erhitzt werden – dazu ist es zu schade.

FUSILLI MIT BRESAOLA UND PARMESAN

Zutaten
(Für 4 Personen)

400 g Fusilli
Salz
1–2 EL mildes Pflanzenöl
1 Bund Rucola
50 g Bresaolascheiben
300 ml Geflügelbrühe
1 Msp. Cayennepfeffer
2 Scheiben Knoblauch
50 g Butter
Salz
Pfeffer aus der Mühle
2 EL frisch geriebener Parmesan
4 TL Arganöl

Die Nudeln in reichlich Salzwasser in etwa 6 bis 7 Minuten sehr bissfest kochen, dabei gelegentlich umrühren. Auf einem Sieb abgießen, kurz ausdampfen lassen, auf einem Tablett ausbreiten, mit dem Öl vermischen und bis zum Gebrauch zugedeckt aufbewahren.

Die Rucola waschen, trocken schleudern, die Blätter von den Stielen zupfen und grob hacken. Die Bresaola in Streifen schneiden.

In einem Topf die mit Cayennepfeffer gewürzte Brühe und die Knoblauchscheiben erhitzen, einige Minuten darin ziehen lassen, den Knoblauch wieder entfernen und die Butter hineinmixen. Die Nudeln darin erhitzen, die frisch geschnittenen Rucolablätter mit der Bresaola unterheben, salzen, pfeffern, den Topf vom Herd nehmen und den Parmesan unterziehen. Auf warmen Pastatellern anrichten und mit Arganöl beträufeln.

Zutaten
(Für 4 Personen)

Nudeln:

350 g Pappardelle
Salz
1–2 EL mildes Pflanzenöl

Ragout:

4 Kaninchenkeulen
1 kleine Zwiebel
½ Karotte
100 g Knollensellerie
1–2 TL Pimentkörner
1 TL Zimtsplitter
1 EL schwarze Pfefferkörner
1–2 TL Wacholderbeeren
50 g getrocknete Aprikosen
1 EL mildes Pflanzenöl
2 cl Weinbrand
100 ml Weißwein
1 TL Wermut (Noilly-Prat)
400 ml Geflügelbrühe
1–2 EL Mascarpone (ca. 40 g)
1 Scheibe Knoblauch
1 kleines Lorbeerblatt
1 Streifen unbehandelte Zitronenschale
1 Prise Cayennepfeffer
einige Tropfen Zitronensaft zum Abschmecken
Petersilie
1 EL Arganöl

Nudeln

Die Pappardelle in reichlich Salzwasser bissfest kochen, auf einem Sieb abgießen, auf einem Blech oder Tablett ausbreiten, etwas ausdampfen lassen und mit dem Pflanzenöl vermischen. Bis zum Gebrauch zugedeckt aufbewahren.

Ragout

Das Fleisch der Kaninchenkeulen vom Knochen lösen, in die einzelnen Muskelpartien zerteilen und quer ein- oder zweimal durchschneiden, je nach Größe der Stücke.

Das Gemüse schälen und in sehr kleine Würfelchen schneiden. Piment, Zimt, schwarzen Pfeffer und Wacholder in eine Gewürzmühle füllen. Die Aprikosen je nach Größe halbieren oder vierteln.

Die Kaninchenstücke in einem Topf im Öl bei mittlerer Hitze rundherum hell anbraten. Das Gemüse hinzufügen und darin glasig anschwitzen. Mit Weinbrand, Weißwein und Wermut ablöschen und fast ganz reduzieren lassen. Mit der Brühe auffüllen und zugedeckt gut eine Stunde mehr ziehen als köcheln lassen.

Brühe durch ein Sieb gießen, Mascarpone in den Fond mixen, Aprikosen, Knoblauch, Lorbeerblatt und Zitronenschale hineingeben und mit den Gewürzen aus der Mühle, einigen Tropfen Zitronensaft und Cayennepfeffer würzen. 5 Minuten knapp unter dem Siedepunkt ziehen lassen, die ganzen Gewürze wieder entfernen, den Fond zu Kaninchen und Gemüse zurückgeben, mit den Pappardelle zusammen erhitzen, beim Anrichten mit Petersilie bestreuen und mit Arganöl beträufeln.

PAPPARDELLE MIT KANINCHENRAGOUT IN KNOBLAUCH-APRIKOSEN-SAUCE

WARMER SPARGELSALAT MIT MORCHELN

Zutaten
(Für 4 Personen)

Salat:
Je 250 g weißer und grüner Spargel
80 g frische Morcheln

Vinaigrette:
150 ml Gemüsebrühe
1 EL Zitronensaft
1 EL Arganöl
Salz
1 EL halbtrockener Sherry
1 Prise Cayennepfeffer
1 EL frische Petersilie
einige Salat- und Kräuterblätter zum Garnieren

Spargel schälen, den grünen nur im unteren Drittel. Untere Enden entfernen, Schalen beiseitelegen. Spargelstangen längs halbieren, gründlich waschen und in drei Zentimeter lange Stücke schneiden.

Morcheln putzen, längs halbieren, gründlich waschen und abtropfen lassen. Brühe aufkochen, Spargelschalen hineingeben und knapp unter dem Siedepunkt 20 Minuten ziehen lassen.

Spargelschalen auf einem Sieb abgießen und den Sud auffangen. Ca. 80 ml Sud in einen Topf geben, den Spargel zufügen und bei kleiner Hitze etwa 7 Minuten bissfest garen. Die Morcheln hineingeben, einige Minuten darin ziehen lassen und vom Herd nehmen. Zitronensaft und Arganöl dazugeben und mit Salz, Sherry, Cayennepfeffer und Petersilie würzen.

Zum Servieren Salat auf eine Platte geben, und die Morcheln darauf verteilen. Mit kleinen Salat- und Kräuterblättern garnieren.

Tipp Die Schale des grünen Spargels ist in der Regel deutlich weniger holzig als die des weißen. Sie brauchen ihn deshalb nur im unteren Drittel zu schälen.

SPARGEL MIT THUNFISCH UND EIERMARINADE

Zutaten
(Für 4 Personen)

Spargel:
8 Stangen weißer Spargel
1–2 EL Salz
1 EL Zucker

Marinade:
3 hart gekochte Eier
½ TL scharfer Senf
1–2 EL Rotweinessig
2 EL mildes Pflanzenöl
1 EL Arganöl
80 ml Gemüsebrühe
Salz, Pfeffer aus der Mühle
Zucker

Thunfisch:
4 dünne Scheiben roher Thunfisch
Salz, Pfeffer aus der Mühle
einige Tropfen Zitronensaft
1–2 EL mildes Pflanzenöl
1 EL Schnittlauchröllchen

Spargel

Die Spargelstangen schälen und die holzigen Enden abschneiden. In einem großen breiten Topf 2 l Wasser zum Kochen bringen, das Salz und den Zucker hinzufügen. Die Spargelstangen darin je nach Dicke 8 bis 10 Minuten kochen.

Den Spargel herausnehmen, kalt abschrecken und abtropfen lassen. Das Gemüse bis zur Verwendung zugedeckt bei Zimmertemperatur beiseitestellen.

Marinade

Die Eier pellen und halbieren. Eiweiß und Eigelb trennen und separat klein hacken.

Senf, Essig, Pflanzen- und Arganöl in eine kleine Schüssel geben und mit einem Schneebesen mit der Brühe verrühren. Die Marinade mit Salz, Pfeffer und 1 Prise Zucker herzhaft abschmecken und zum Schluss die gehackten Eier unterrühren.

Thunfisch

Zum Anrichten die Thunfischscheiben auf beiden Seiten salzen und pfeffern und mit Zitronensaft und Pflanzenöl beträufeln.

Zum Anrichten je 2 Spargelstangen auf einen großen Teller legen, mit der Eiermarinade beträufeln und mit den Schnittlauchröllchen bestreuen. Die Thunfischscheiben danebenlegen und nach Belieben mit kleinen marinierten Salatblättchen garnieren.

SIZILIANISCHES AUBERGINENGEMÜSE

Zutaten
(Für 4 Personen)

2 EL Rosinen
3 EL Orangensaft
1 Aubergine
4 Tomaten
2 Zwiebeln
2 kleine Stangen Staudensellerie
1 EL Pinienkerne
1 EL Puderzucker
100 ml Weißweinessig
⅛ l Gemüsebrühe
1–2 EL mildes Pflanzenöl
1 EL Kapern
50 g entsteinte grüne Oliven
3 EL Arganöl
Salz, Pfeffer aus der Mühle

Die Rosinen in Orangensaft einlegen. Die Aubergine putzen, längs vierteln und in nicht zu dicke Scheiben schneiden. Die Tomaten enthäuten, vierteln, entkernen und die Tomatenviertel halbieren. Die Zwiebeln schälen und in 2 cm dicke Scheiben schneiden. Die Selleriestangen putzen, waschen, in 4 cm lange Stifte schneiden und blanchieren. Die Pinienkerne hell anrösten.

In einer Pfanne bei milder Hitze den Puderzucker hell karamellisieren, mit Weißweinessig ablöschen, sirupartig einköcheln lassen und die Brühe hinzufügen.

Die Auberginen in einer Pfanne in etwas Öl auf beiden Seiten anbraten und herausnehmen. Die Zwiebeln in etwas Öl bei milder Hitze leicht anbräunen. Auberginen, Staudensellerie, die eingelegten Rosinen mit dem Orangensaft, den Kapern, Oliven und Pinienkernen hinzufügen, Essig mit den Tomaten und Arganöl dazugeben und mit Salz und Pfeffer würzen. Lauwarm servieren.

SPAGHETTINI MIT CHILI UND KNOBLAUCH

Zutaten
(Für 4 Personen)

400 g Spaghettini
Salz
1 Knoblauchzehe
1 getrocknete Chilischote
2 Salbeiblätter
200 ml Gemüsebrühe
5 EL mildes Pflanzenöl
2 EL frisch geriebener Parmesan
1 EL Arganöl

Die Nudeln in Salzwasser sehr bissfest kochen und auf einem Sieb abtropfen lassen.

Die Knoblauchzehe schälen, in Scheiben schneiden und mit der Chilischote und den Salbeiblättern in der Brühe erhitzen. Die Nudeln darin erhitzen, bis die ganze Brühe von den Nudeln aufgenommen ist. Zum Schluss das Pflanzenöl hineinrühren, Chilischote und Salbeiblätter entfernen.

In tiefen Pastatellern anrichten, mit Parmesan bestreuen und mit Arganöl beträufeln.

Tipp Soll der Knoblauch wieder aus dem Gericht entfernt werden, halbiert man ihn einfach, anstatt ihn in Scheiben zu schneiden.

EXQUISITER FISCH UND MEERESTIERE

In diesem Kapitel kommt das Arganöl meistens erst beim Anrichten tropfenweise auf den zubereiteten Fisch, immer vorsichtig dosiert. Es wird nicht zum Anbraten verwendet, dafür ist es zu kostbar.

SEEZUNGE AN DER GRÄTE GEBRATEN AUF SCHALOTTEN-ARTISCHOCKEN-GEMÜSE

Zutaten
(Für 4 Personen)

Gemüse:
300 g Schalotten
300 g eingelegte Artischockenböden
4 Tomaten
3 EL mildes Pflanzenöl
250 ml Gemüsebrühe
1 Lorbeerblatt
2 Zweige Thymian
1 geschälte, halbierte Knoblauchzehe
1 Streifen unbehandelte Orangenschale
Salz, Pfeffer und Piment aus der Mühle
1 Prise Cayennepfeffer

Seezungen:
4 Seezungen à ca. 350 g
1 EL mildes Pflanzenöl
3 EL Butter
1 Knoblauchzehe
1 Zweig Thymian
1 Streifen Zitronenschale
1 EL frisch geschnittene Petersilie
Salz, Pfeffer aus der Mühle
4 TL Arganöl

Gemüse

Die Schalotten schälen und vierteln, die Artischockenböden abtropfen lassen und vierteln. Die Tomaten 20 Sekunden in kochendes Wasser tauchen, in kaltem Wasser abschrecken, enthäuten, vierteln, entkernen und das Tomatenfleisch nochmals halbieren.

Die Schalotten in einem Topf bei milder Hitze in Öl glasig anschwitzen, die Brühe hinzufügen, das Lorbeerblatt einlegen und zugedeckt knapp unter dem Siedepunkt 10 Minuten dünsten. Artischocken und Tomaten dazugeben und darin erwärmen. Die Brühe durch ein Sieb gießen, das übrige Öl hineinmixen und zum Gemüse zurückgeben. Thymianzweige, Knoblauch und Orangenschale einlegen und mit Salz, Pfeffer, Piment und Cayennepfeffer würzen. 5 Minuten ziehen lassen und alle ganzen Gewürze wieder entfernen.

Seezunge

Die Seezungen mit der Schwanzflosse 5 bis 10 Sekunden in kochend heißes Wasser tauchen, bis sich die Haut von der Gräte zu lösen beginnt. Die dicke Haut der Seezungen auf beiden Seiten abziehen, indem man die gelöste Haut an der Schwanzflosse mit einem Küchentuch aufnimmt und von der Schwanzflosse bis zum Kopf kräftig abzieht. Den äußeren Flossenkranz samt dem Kopf mit einer Küchenschere entlang der Filets abschneiden und entfernen. Die Seezungen unter fließendem kaltem Wasser gründlich waschen, von Rückständen in der Bauchhöhle befreien und auf Küchenpapier trocken tupfen.

Den Backofen auf 100°C vorheizen und ein Backblech in die mittlere Einschubleiste schieben.

Jede Seezunge in 4 Portionsstücke teilen. Eine Pfanne bei mittlerer Temperatur erhitzen, Öl hinzufügen und die Seezungen auf beiden Seiten jeweils etwa 1 Minute anbraten. Auf das Backblech legen und im vorgeheizten Ofen 5 Minuten ziehen lassen.

In einer Pfanne die Butter mit Knoblauch, Thymian, Zitronenschale und Petersilie erwärmen, leicht salzen und pfeffern und die Seezungenstücke darin wenden.

Zum Anrichten das Gemüse auf warmen Tellern anrichten, die Seezungenstücke danebenlegen und mit Arganöl beträufeln.

WOLFSBARSCH IN DER SALZKRUSTE

Zutaten
(Für 4 Personen)

1 Wolfsbarsch von ca. 1,2 kg
1 halbierte Orangenscheibe
2 Limettenscheiben
1 Prise ganze Fenchelkörner
1 kleines Lorbeerblatt
2 Scheiben Knoblauch
½ TL schwarze Pfefferkörner
2 Zweige Petersilie
5 Eiweiß von kleinen Eiern
1,5 kg grobes Meersalz
30 g Mehl
30 g Speisestärke
4 TL Arganöl

- Den Backofen auf 200°C vorheizen.

- Den Wolfsbarsch innen und außen unter fließendem kaltem Wasser waschen, abtropfen lassen und die Flossen wegschneiden. In die Bauchhöhle Orangenscheiben, Limettenscheiben, Fenchelkörner, Lorbeerblatt, Knoblauch, Pfefferkörner und Petersilie geben.

- Das Eiweiß schaumig schlagen. und mit Salz, Mehl und Speisestärke vermischen.

- Ein Backblech mit Backpapier belegen, mit knapp der Hälfte der Salzmasse bestreichen, den Fisch auf das Salzbett legen und mit der übrigen Salzmasse bedecken.

- Im vorgeheizten Ofen etwa 50 Minuten backen.

- Den Fisch aus der Salzkruste klopfen, filetieren und mit dem Arganöl beträufeln.

GEBRATENE DORADENFILETS AUF PEPERONISPINAT

Zutaten
(Für 4 Personen)

Spinat:
500 g Wurzelspinat
je 1 rote und grüne Peperoni oder Spitzpaprika
1 EL mildes Pflanzenöl
100 ml Gemüsebrühe
1 Scheibe Knoblauch
1 Scheibe Ingwer
1 EL Butter
1 EL braune Butter
Salz
1 Prise Cayennepfeffer
etwas frisch geriebene Muskatnuss

Fisch:
4 Doradenfilets, entgrätet, mit Haut
1 EL mildes Pflanzenöl
Salz, Pfeffer aus der Mühle
4 TL Arganöl

Spinat

Die Spinatblätter von den Stielen zupfen, gründlich waschen und abtropfen lassen.

Die Peperoni waschen, entstrunken, entkernen und in 1 cm breite Stücke schneiden. In Öl anschwitzen, mit der Brühe aufgießen und etwa 5 Minuten weich dünsten. Die Spinatblätter hinzufügen, Knoblauch und Ingwer hineingeben, ein kleines Stück Butter und braune Butter hinzufügen, bissfest garen und mit Salz, Cayennepfeffer und Muskat würzen.

Fisch

Die Doradenfilets in einer Pfanne im Öl bei mittlerer Hitze auf der Hautseite etwa 3 Minuten kross anbraten, wenden, die Pfanne vom Herd nehmen und in der Nachhitze der Pfanne in 1 bis 2 Minuten saftig durchziehen lassen. Auf Küchenpapier abtropfen lassen und mit Salz und Pfeffer würzen.

Die Doradenfilets auf dem Peperonispinat anrichten und mit Arganöl beträufeln.

GEDÄMPFTER KABELJAU AUF LINSENGEMÜSE

Zutaten
(Für 4 Personen)

Linsengemüse:

120 g Berglinsen (kleine grüne Linsen, in Naturkostläden erhältlich)
½ Zwiebel
25 g gut durchwachsener Speck
1 EL mildes Pflanzenöl
1–2 TL Tomatenmark
300 ml Gemüsebrühe
8 kleine Kartoffeln
je 40 g Karotten und Knollensellerie
1 Prise getrockneter Majoran
½ gehackte Knoblauchzehe
1 TL Balsamico
Salz, Pfeffer aus der Mühle

Fisch:

4 Stück Kabeljaufilet enthäutet à 120 g
Salz
Pfeffer aus der Mühle
1 EL mildes Pflanzenöl
2 Streifen unbehandelte Limonenschale
2 Sternanis, ganz
4 TL Arganöl

Linsengemüse

Die Linsen über Nacht in Wasser einweichen und am nächsten Tag auf einem Sieb abtropfen lassen.

Die Zwiebel schälen und mit dem Speck in kleine Würfel schneiden. In einem Topf bei milder Hitze im Öl glasig anschwitzen, die Linsen hinzufügen, das Tomatenmark hineinrühren und mit Gemüsebrühe auffüllen. Etwa 30 Minuten mehr ziehen als köcheln lassen.

Die Kartoffeln waschen, schälen und in ca. 15 Minuten gar kochen.

Karotten und Sellerie schälen und in möglichst kleine Würfel schneiden, hineinrühren, mit Majoran würzen und in weiteren 10 Minuten fertig garen. Mit Knoblauch, Essig, Salz und Pfeffer würzen.

Fisch

In einen Dämpftopf etwas Wasser geben und zum Köcheln bringen.

Die Kabeljaustücke salzen, pfeffern und in einer Pfanne bei mittlerer Hitze im Pflanzenöl auf beiden Seiten insgesamt 1 bis 2 Minuten anbraten.

Das Dämpfwasser salzen, Limonenschale und Sternanis hinzufügen, den Dämpfeinsatz einlegen, die Fischstücke mit der Hautseite nach oben darauflegen und bei geschlossenem Deckel ca. 3 Minuten im Dampf glasig durchziehen lassen.

Das Linsengemüse auf warme Teller verteilen, die Kabeljaufilets daraufsetzen und mit Arganöl beträufeln.

Zutaten
(Für 4 Personen)

2 kleine weiße Zwiebeln
1 kleine Aubergine
6 EL mildes Pflanzenöl
2 Stangen Staudensellerie
Salz
4 Thunfischsteaks von je etwa 120 g
Pfeffer aus der Mühle
1 TL Tomatenmark
400 ml Gemüsebrühe
80 ml Weißwein
200 g blanchierte Erbsen (aus der Tiefkühlpackung)
½ geschälte Knoblauchzehe
1 Streifen unbehandelte Zitronenschale
Pfeffer und Piment aus der Mühle
1 Prise Cayennepfeffer
4 TL Arganöl
je 1 EL frisch geschnittene Minze und Petersilie

THUNFISCHSTEAK AUF AUBERGINEN-ERBSEN-GEMÜSE MIT MINZE

Die Zwiebeln schälen und in schmale Spalten schneiden. Die Aubergine putzen, waschen, trocken tupfen, in Scheiben schneiden, in einer Pfanne bei mittlerer Hitze in 4 bis 5 EL Pflanzenöl anbraten und auf Küchenpapier abtropfen lassen. Den Sellerie schräg in ½ cm dicke Scheiben schneiden, in Salzwasser bissfest blanchieren, in kaltem Wasser abschrecken und auf einem Sieb abtropfen lassen.

Den Backofen auf 90°C vorheizen und auf die mittlere Einschubleiste ein Backblech schieben.

Den Thunfisch in einer Pfanne bei mittlerer Hitze im restlichen Pflanzenöl auf beiden Seiten je 1 Minute anbraten. Auf das Backblech legen und etwa 20 Minuten darin durchgaren, anschließend mit Salz und Pfeffer würzen.

Das verbrauchte Öl vom Anbraten des Thunfisches aus der Pfanne tupfen, die Zwiebeln ohne weitere Fettzugabe darin bei milder Hitze etwas anschwitzen, das Tomatenmark dazugeben und etwas mitschwitzen lassen. Die Hälfte der Brühe angießen und leise köcheln lassen, bis die Flüssigkeit weitgehend verdampft ist.

Den Weißwein hinzufügen und ebenfalls bei milder Hitze fast vollständig einköcheln lassen. Den Rest der Brühe hinzufügen, Auberginen, Sellerie, Erbsen, Knoblauch und Zitronenschale unterrühren, erhitzen und mit Salz, Pfeffer, etwas Piment und Cayennepfeffer abschmecken.

Knoblauch und Zitronenschale entfernen, die Brühe abgießen und das Arganöl in die Brühe hineinmixen. Zum Gemüse zurückgeben und gegebenenfalls noch etwas abschmecken. Zuletzt Minze und Petersilie hineinrühren.

Zum Anrichten das Gemüse auf warme Teller verteilen und die Thunfischsteaks darauflegen.

SAIBLING IN DER FOLIE

Zutaten
(Für 4 Personen)

4 ganze Saiblinge
Salz, Pfeffer aus der Mühle
4 EL mildes Pflanzenöl
30 g Butter
4 Scheiben frischer Ingwer
4 Scheiben Knoblauch
4 Scheiben unbehandelte Zitrone
4 kleine getrocknete Chilischoten
4 Lorbeerblätter
einige schöne Petersilienblätter
4 kleine Zweige Fenchelkraut (ersatzweise Dill)
4 EL Weißwein
4 TL Arganöl

Die Saiblinge innen und außen gründlich waschen, trocken tupfen und mit Salz und Pfeffer würzen.

Backofen auf 180°C vorheizen.

Vier Blatt Backpapier jeweils mit Pflanzenöl bestreichen und mit Butterflöckchen belegen. Die Fische darauflegen, Ingwer, Knoblauch, Zitronenscheiben, Chilischoten, Lorbeer, Petersilienblätter und Fenchelkraut in die Bauchhöhle und darüber verteilen, den Weißwein angießen und das Backpapier darüber zusammenfalten.

Die Saiblinge im vorgeheizten Ofen etwa 25 Minuten durchgaren. Die Folie öffnen und die Fische mit dem Arganöl beträufeln.

Tipp Der Fisch ist fertig, wenn sich die Rückenflosse leicht herausziehen lässt und sich das Fischfleisch leicht von den Gräten löst.

ZANDER AUF FENCHEL-SAFRAN-GEMÜSE

Zutaten
(Für 4 Personen)

Fenchelgemüse:
2 Fenchelknollen
1–2 EL mildes Pflanzenöl
180 ml Gemüsebrühe
1 Prise Safranfäden
4 Blätter Mangold
Salz
1 halbierte Knoblauchzehe
1–2 EL kalte Butter
1 Prise Cayennepfeffer
je 1 EL Fenchel-, Koriander- und schwarze Pfefferkörner

Zander:
4 Zanderfilets à 120 g
1–2 EL mildes Pflanzenöl
Salz, Pfeffer aus der Mühle
3–4 TL Arganöl zum Beträufeln

Fenchelgemüse

Den Fenchel putzen, waschen, in 2 cm große Stücke schneiden. Den Fenchel in einem Topf in Pflanzenöl bei milder Hitze glasig anschwitzen. Die Brühe angießen, den Safran hinzufügen, den Deckel auflegen, knapp unter dem Siedepunkt 20 bis 30 Minuten ziehen lassen, zwischendurch hin und wieder umrühren.

In der Zwischenzeit die Mangoldblätter waschen, die grünen Blätter von den Stielen schneiden und in 1 cm breite Streifen schneiden. In Salzwasser bissfest blanchieren, in kaltem Wasser abschrecken und auf einem Sieb abtropfen lassen.

Mangold mit dem Knoblauch in das Fenchelgemüse geben, die Butter hinzufügen und mit Salz, Cayennepfeffer und den Gewürzen aus der Mühle würzen. Den Knoblauch anschließend entfernen.

Zander

Die Fischfilets schräg halbieren, die Haut leicht einritzen, in einer Pfanne im Öl zuerst auf der Hautseite etwa 3 bis 4 Minuten kross anbraten, die Pfanne vom Herd nehmen, wenden und die Filets in der Resthitze glasig durchziehen lassen. Auf Küchenpapier abtropfen lassen, salzen und pfeffern.

Die gebratenen Zander mit dem Gemüse auf warmen Tellern anrichten und mit dem Arganöl beträufeln.

SCHWERTFISCH-INVOLTINI UND SPINAT MIT MASCARPONE-OLIVEN-FÜLLUNG

Zutaten
(Für 4 Personen)

Fülle:

20 g Rosinen
20 g Pinienkerne
50 g entsteinte grüne Oliven
80 g altbackenes Weißbrot
1 Zwiebel
1 EL mildes Pflanzenöl
50 ml Weißwein
50 g Mascarpone
1 EL fein geriebener Pecorino
1 EL frisch geschnittene Petersilie
Salz, Pfeffer aus der Mühle
frisch geriebene Muskatnuss

Involtini:

8 dünne Schwertfischscheiben à 80 g (vom Mittelstück, küchenfertig)
etwas mildes Pflanzenöl für die Folie
Salz, Pfeffer aus der Mühle

Spinat:

400 g Blattspinat
200 g eingelegte Cipolline (kleine italienische Zwiebeln)
1 EL Balsamico
50 ml Gemüsebrühe
½ geschälte Knoblauchzehe
Abrieb einer halben unbehandelten Zitrone
1 TL gehackte Thymianblättchen
Salz, Pfeffer aus der Mühle
etwas frisch geriebene Muskatnuss
1 EL Butter
1 EL gebräunte Butter
4 TL Arganöl

Fülle

Die Rosinen eine halbe Stunde in lauwarmes Wasser einlegen, dann abgießen. Die Pinienkerne in einer Pfanne ohne Fettzugabe hell rösten, die Oliven in Scheiben schneiden. Das Weißbrot in kleine Würfelchen schneiden und in einer Pfanne ohne Fettzugabe auch hell rösten. Die Zwiebel schälen und klein würfeln.

Die Zwiebelwürfel in einer Pfanne bei milder Hitze im Öl glasig anschwitzen, mit Weißwein ablöschen, auf die Hälfte einkocheln lassen, die Pfanne vom Herd nehmen und den Mascarpone hineinrühren. Rosinen, Pinienkerne, Olivenscheiben, Weißbrotwürfel, Pecorino und Kräuter mit dem Mascarpone verrühren. Mit Salz, Pfeffer und Muskat abschmecken.

Involtini

Die Schwertfischscheiben halbieren, zwei Blatt Klarsichtfolie mit Öl bestreichen, den Fisch dazwischenlegen und mit der flachen Seite eines Schnitzelklopfers etwas flachklopfen.

Die Fischscheiben mit Salz und Pfeffer würzen, die Fülle auf die Mitte der Fischscheiben verteilen, die Seiten darüber einschlagen und zu kleinen Röllchen eindrehen. Bis zum Gebrauch zugedeckt kalt stellen.

Den Backofen auf 100°C vorheizen.

Eine Pfanne bei milder Temperatur erhitzen, das Öl hineingeben, die Involtini mit der Nahtseite nach unten einlegen und rundherum anbraten. Die Pfanne vom Herd nehmen, die Involtini herausnehmen, auf einen Teller legen und für 5 Minuten in den vorgeheizten Ofen stellen.

Spinat

Für den Spinat die Blätter von den Stielen zupfen, gründlich waschen und abtropfen lassen. Die Cipolline vierteln.

In einer Pfanne den Balsamico erhitzen, Brühe und Knoblauch hinzufügen und erhitzen. Die Spinatblätter hineingeben und unter Rühren etwa 3 Minuten darin dünsten. Cipolline, Zitronenabrieb und Thymian hinzugeben, mit Salz, Pfeffer und Muskat würzen und zum Schluss Butter und braune Butter hinzufügen.

Den Knoblauch aus dem Spinat entfernen. Spinat mit den Involtini auf warmen Tellern anrichten. Mit Arganöl beträufeln.

ROCHEN IN GEMÜSE-TOMATEN-SUD

Zutaten
(Für 4 Personen)

Gemüse-Tomaten-Sud:
¼ Fenchelknolle
½ kleinere Karotte
½ kleinere Zucchini
250 kleine Kirschtomaten
1,2 l Gemüsebrühe
50 ml Weißwein
einige Petersilien- und Basilikumblätter
1 geschälte, halbierte Knoblauchzehe
einige Safranfäden
1 Streifen unbehandelte Orangenschale
3 EL mildes Pflanzenöl
Salz
1 Prise Cayennepfeffer

Rochen:
8 Rochenfilets à 70 g
Salz, Pfeffer aus der Mühle
1–2 EL mildes Pflanzenöl
1 EL Arganöl

Gemüse-Tomaten-Sud

Den Fenchel putzen, waschen und quer in sehr feine Streifen hobeln. Die Karotte schälen, die Zucchini waschen, entstrunken und beides in möglichst dünne Scheiben hobeln. Die Kirschtomaten waschen und halbieren.

In einem flachen, weiten Topf oder einem Bräter die Gemüsebrühe, Weißwein, Fenchelstreifen und Karottenscheiben knapp unter dem Siedepunkt in wenigen Minuten bissfest garen. Kirschtomaten, Zucchinischeiben, Petersilien- und Basilikumblätter, Knoblauch, Safran, Orangenschale und Pflanzenöl hinzufügen und mit Salz und Cayennepfeffer abschmecken.

Rochen

Die Rochenfilets mit Salz und Pfeffer würzen, in einer Pfanne bei mittlerer Hitze im Pflanzenöl auf beiden Seiten kurz anbraten. Die Rochenfilets in den Tomatensud legen und unter dem Siedepunkt in etwa 2 bis 3 Minuten glasig durchziehen lassen.

Zum Anrichten Petersilie, Basilikum, Orangenschale und Knoblauch entfernen. Den Sud mit dem Gemüse in tiefe Teller verteilen und die Rochenfilets daraufsetzen. Mit Arganöl beträufeln.

ROTBARBE AUF RADICCHIO-FENCHEL-ORANGEN-SALAT

Zutaten
(Für 4 Personen)

Salat:
1 Fenchelknolle
Salz
2 Orangen
1 EL Zitronensaft
Pfeffer aus der Mühle
1 Prise Zucker
je 1 Msp. Orangen- und Zitronenabrieb
2 EL mildes Pflanzenöl
1 kleiner Kopf Radicchio

Rotbarbe:
4 Rotbarbenfilets entgrätet, mit Haut
1 EL mildes Pflanzenöl
Salz, Pfeffer aus der Mühle
3–4 TL Arganöl

Salat

Die Fenchelknolle putzen, waschen, quer in hauchdünne Streifen hobeln, das Fenchelgrün klein schneiden und beiseitelegen. In Salzwasser kurz blanchieren, in kaltem Wasser abschrecken und auf einem Sieb abtropfen lassen.

Die Orangen mit einem scharfen Messer so schälen, dass auch die weiße Innenschale entfernt wird. Die Orangenfilets zwischen den Trennhäuten herausschneiden. Den dabei austretenden Orangensaft auffangen und von den Orangenresten ebenfalls den Saft ausdrucken.

Orangensaft mit Zitronensaft, Salz, Pfeffer, einer Prise Zucker, Fenchelgrün, Orangen- und Zitronenabrieb und mildem Öl verrühren.

Den Salat putzen, die groben weißen Teile entfernen, waschen, abtropfen lassen und in mundgerechte Stücke zupfen.

Rotbarbe

Die Rotbarbenfilets bei mittlerer Hitze in einer Pfanne im Öl zuerst auf der Hautseite 2 bis 3 Minuten anbraten, Pfanne vom Herd nehmen, Filets wenden und in der Nachhitze der Pfanne darin glasig durchziehen lassen. Auf Küchenpapier abtropfen lassen, salzen und pfeffern.

Salatblätter mit Fenchel, Orangenfilets und Marinade mischen und mit den Rotbarbenfilets auf Tellern anrichten. Mit Arganöl beträufeln.

Zutaten
(Für 4 Personen)

Risotto:

½ Zwiebel
2 EL Butter
300 g Risottoreis (Rundkornreis, z.B. Vialone nano oder Carnaroli)
60 ml Weißwein
¾–1 l heiße Geflügelbrühe
1 kleine Knoblauchzehe in feinen Scheiben
1 Scheibe Ingwer
1 ausgekratzte Vanilleschote
1 Streifen unbehandelte Zitronenschale
Salz
1 Prise Cayennepfeffer
1 EL Arganöl
40 g frisch geriebener Parmesan

Garnelen:

20 Riesengarnelen
1–2 TL mildes Pflanzenöl
2 EL Butter
je 1 kleines Stück Zimtrinde und Vanilleschote
4–5 Knoblauchzehen in Scheiben
2 Scheiben Ingwer
½ EL Curry
Salz, Pfeffer aus der Mühle

GEBRATENE GARNELEN MIT VANILLE-KNOBLAUCH-RISOTTO

Risotto

Die Zwiebel schälen, in kleine Würfel schneiden und in einem breiten Topf bei milder Hitze in 1 EL Butter glasig anschwitzen, den Reis dazugeben und so lange mitschwitzen lassen, bis die Reiskörner heiß sind. Mit dem Weißwein ablöschen, einköcheln lassen, etwas Geflügelbrühe aufgießen, unter häufigem Rühren immer wieder etwas Flüssigkeit zugeben und einziehen bzw. vom Reis aufsaugen lassen, bis die Reiskörner nach 15 bis 20 Minuten weich sind, aber noch Biss haben.

Nach gut 15 Minuten Knoblauch, Ingwer, Vanille und Zitronenschale mit in den Risotto geben. Sobald der Reis fertig ist, alle ganzen Gewürze wieder entfernen und mit Salz und Cayennepfeffer würzen und zum Schluss die übrige Butter, Arganöl und Parmesan unterrühren.

Garnelen

Die Garnelen schälen, entdarmen, halbieren und mit der Hautseite in einer Pfanne im Öl bei milder Hitze etwa 1 bis 2 Minuten anbraten. Die Garnelen wenden und auf einem warmen Teller beiseitestellen.

Das Fett aus der Pfanne tupfen und bei milder Hitze Butter darin schmelzen lassen. Zimtsplitter, Vanille, Knoblauch und Ingwer hineingeben, den Curry hinzufügen, die Garnelen darin nochmals erwärmen und mit Salz und Pfeffer wurzen.

MARINIERTER OKTOPUS MIT GEBRATENEM FENCHEL

Zutaten
(Für 4 Personen)

1 kleiner Oktopus (1–1,5 kg)
½ Zwiebel
1 Lorbeerblatt
2 Nelken
Salz
150 g Kirschtomaten
1 kleiner Fenchel
110 ml mildes Pflanzenöl
Pfeffer aus der Mühle
200 ml Gemüsebrühe
Saft von 1–2 Limetten
4 EL Arganöl
1 EL frisch geschnittenes Basilikum
1 TL Limettenabrieb
1 halbierte Knoblauchzehe
1 Scheibe Ingwer
1 Prise Cayennepfeffer

Die Fangarme vom Oktopus so vom Kopfteil abschneiden, dass sie noch gut zusammenhalten. Arme gründlich unter fließendem Wasser waschen und abtropfen lassen.

Zwiebel schälen, mit dem Lorbeerblatt und 2 Nelken spicken.

Reichlich Salzwasser zum Kochen bringen. Oktopus zusammen mit der gespickten Zwiebel ins kochende Wasser geben, einmal aufkochen lassen, dann die Hitze reduzieren und den Oktopus gute 1½ Stunden mehr ziehen als köcheln lassen, bis er weich ist.

Den Oktopus aus dem Sud heben, etwas auskühlen lassen und in Scheiben schneiden.

Kirschtomaten waschen, halbieren, den Fenchel in Scheiben schneiden und in einer Pfanne in 2 EL Pflanzenöl bei mittlerer Hitze auf beiden Seiten anbraten, mit Salz und Pfeffer würzen. Kirschtomaten, Fenchel und Oktopus in eine Servierschale geben.

Für die Marinade die Brühe mit Limettensaft, restlichem Pflanzenöl, Arganöl, Basilikum und Limettenabrieb verrühren, Knoblauch und Ingwer einlegen und mit Salz, Cayennepfeffer und Pfeffer würzen. Über der Oktopusmischung verteilen.

Die Kartoffeln schälen und in 1½ cm große Würfel schneiden. Von den Bohnen die Enden entfernen, dritteln, in Salzwasser blanchieren, in kaltem Wasser abschrecken und abtropfen lassen. Von den Tomaten den Strunk herausschneiden, die Oberfläche über Kreuz einritzen, 20 Sekunden in kochendes Wasser tauchen, kalt abschrecken, enthäuten, vierteln, entkernen und nochmals halbieren.

KALAMARI-RAGOUT MIT KARTOFFELN UND GRÜNEN BOHNEN

Zutaten
(Für 4 Personen)

600 g Kartoffeln
70 g grüne Bohnen
Salz
4 Tomaten
500 g Kalamari
350 ml Gemüsebrühe
1 Lorbeerblatt
2 EL Arganöl
1 Prise Cayennepfeffer
etwas frisch geriebene Muskatnuss
1 EL frisches Bohnenkraut
1 EL mildes Pflanzenöl
2 Streifen unbehandelte Zitronenschale
1 geschälte, halbierte Knoblauchzehe
Pfeffer aus der Mühle
1 EL frisch geschnittene Petersilie

Die Kartoffeln in der Brühe mit Lorbeerblatt in etwa 30 Minuten knapp unter dem Siedepunkt weich garen. Das Lorbeerblatt entfernen, ⅓ der Kartoffeln mit etwas Brühe und dem Arganöl pürieren und zu den Kartoffeln zurückgeben. Bohnen und Tomaten hinzufügen und mit Salz, Cayennepfeffer, Muskat und Bohnenkraut würzen.

Kopf und Arme der Kalamari mitsamt dem Eingeweide aus dem Körperbeutel ziehen, durchsichtiges Fischbein entfernen. Von den Tintenfischarmen den Kopf abtrennen und darauf achten, dass dabei auch der harte „Schnabel" entfernt wird. Von den Tüten die Haut abziehen, die Tüten aufschneiden und die restlichen Eingeweide entfernen. Tütenfleisch und Arme unter fließendem kaltem Wasser waschen und abtropfen lassen. Die Tüten in 3 cm große Stücke schneiden und die Tentakel zerkleinern.

Eine große Pfanne bei mittlerer Temperatur erhitzen, das Öl hineingeben, die Kalamari einlegen, nach einer halben Minute wenden. Zitronenschale und Knoblauch einlegen, noch kurz darin ziehen lassen, salzen und pfeffern, Zitronenschale und Knoblauch entfernen und die Petersilie hineinrühren.

Das Gemüseragout auf warmen Tellern anrichten und die Kalamari darauf verteilen.

M MIESMUSCHELN IM GEMÜSESUD

Zutaten
(Für 4 Personen)

½ Zwiebel
1 Karotte
1 Stange Staudensellerie
½ kleine Fenchelknolle
1 TL Puderzucker
4 cl Anislikör
80 ml Weißwein
¼ l Gemüsebrühe
1 Lorbeerblatt
1 geschälte Knoblauchzehe
5 schwarze Pfefferkörner
1 Döschen Safranfäden
1 Streifen unbehandelte Zitronenschale
30 g kalte Butterwürfel
Salz
1 Prise Cayennepfeffer
2 kg Miesmuscheln
1 EL frisch geschnittene Petersilie
1 EL Arganöl

Zwiebel und Karotte schälen, die Zwiebel halbieren und quer in dünne Streifen schneiden, die Karotte längs halbieren und schräg in dünne Scheiben schneiden. Selleriestange und Fenchel putzen und waschen, den Fenchel vierteln und quer in dünne Streifen schneiden, den Sellerie schräg in dünne Scheiben schneiden.

In einem Topf bei milder Hitze den Puderzucker karamellisieren, das Gemüse hineinrühren und darin anschwitzen. Mit Anislikör und Weißwein ablöschen, auf die Hälfte reduzieren lassen, mit der Brühe aufgießen, die Gewürze einlegen und das Ganze 15 Minuten mehr ziehen als köcheln lassen.

Den Sud durch ein Sieb gießen und die Gewürze dabei entfernen. Die Butter in kleinen Stückchen in den Sud mixen und mit Salz, Cayennepfeffer und je nach Geschmack noch etwas Anislikör abschmecken. Das Gemüse wieder in den Sud geben.

Die Muscheln gründlich waschen und bürsten, geöffnete Exemplare dabei aussortieren.

In einem Topf 200 ml Wasser mit Salz erhitzen, die Muscheln hineingeben und zugedeckt dämpfen, bis sie sich öffnen. Mit einer Schaumkelle herausnehmen, geschlossene Muscheln entfernen. Muscheln mit dem Anis-Gemüse-Sud mischen, in vier vorgewärmte Suppenteller aufteilen, mit frischer Petersilie bestreuen und mit Arganöl beträufeln.

Zutaten
(Für 4 Personen)

1 Zwiebel
1 Kartoffel
1 Stange Staudensellerie
½ Fenchelknolle
½ dünne Stange Lauch
5 EL mildes Pflanzenöl
80 ml Weißwein
¾ l Gemüsebrühe
1 Lorbeerblatt
1 geschälte, halbierte Knoblauchzehe
1 Streifen unbehandelte Zitronenschale
150 g Schältomaten aus der Dose
Salz, Pfeffer aus der Mühle
einige Safranfäden
1 Prise Cayennepfeffer
500 g gemischte Fischfilets (z. B. Kabeljau, Knurrhahn, Lachsforelle, auch geschälte, entdarmte Garnelen)
1 EL frisch geschnittene Petersilie
2 TL Arganöl

FISCHEINTOPF MIT TOMATEN UND SAFRAN

Zwiebel und Kartoffel schälen und beides in kleine Würfel schneiden. Staudensellerie, Fenchel und Lauch putzen und waschen. Den Sellerie in dünne Scheiben schneiden, den Fenchel halbieren und wie den Lauch quer in dünne Streifen schneiden.

Zwiebeln, Staudensellerie, Fenchel und Kartoffeln in einem Topf in 1 EL mildem Pflanzenöl bei milder Hitze glasig anschwitzen. Mit Weißwein ablöschen, etwas einköcheln lassen, mit der Brühe auffüllen, das Lorbeerblatt einlegen und knapp unter dem Siedepunkt etwa 15 Minuten ziehen lassen, den Lauch mit Knoblauch und Zitronenschale hinzufügen und weitere 5 Minuten ziehen lassen. Lorbeerblatt, Knoblauch und Zitronenschale anschließend entfernen.

Die Dosentomaten pürieren, das restliche Öl hineinmixen und in die Suppe rühren. Mit Salz, Pfeffer, Safran und Cayennepfeffer würzen.

Die Fischfilets in 2 cm große Würfel schneiden. In einem Topf reichlich Salzwasser zum Kochen bringen, vom Herd nehmen, die Fischstücke einlegen und in 2 bis 3 Minuten darin glasig durchziehen lassen. Auf einem Sieb vorsichtig abgießen und mit der Petersilie in die Suppe geben. Mit Arganöl beträufeln.

ERLESENE GEFLÜGEL- UND FLEISCHGERICHTE

Bei Fleischgerichten, die meist über einen längeren Zeitraum bei höherer Temperatur gegart werden, ist es besonders wichtig, dass das Arganöl erst am Ende der Garzeit dazukommt: Auch hier auf keinen Fall zum Anbraten verwenden. Sehr gut kommt Arganöl bei Kurzbratstücken zur Geltung.

ENTENKEULEN MIT KRÄUTERSALAT

Zutaten
(Für 4 Personen)

Ente:
4 Entenkeulen
1 kleine Zwiebel
1 Lorbeerblatt
3 Gewürznelken
2–3 l Geflügelbrühe

Salat:
300 g gemischte Blattsalate
je 2 Zweige Minze, Basilikum und Zitronenmelisse
2 Orangen
60 ml Gemüsebrühe
2 EL Himbeeressig oder Rotweinessig
2 TL Johannisbeergelee
Salz, Pfeffer aus der Mühle
5 EL mildes Pflanzenöl
1–2 TL Arganöl

Ente

- Von den Entenkeulen den Oberschenkelknochen auslösen. Die Zwiebel schälen, mit dem Lorbeerblatt belegen und mit Gewürznelken feststecken. In einem Topf die Brühe aufkochen, die gespickte Zwiebel hineingeben und die Entenkeulen von Brühe bedeckt einlegen. Knapp unter dem Siedepunkt in etwa 2 ½ Stunden weich ziehen lassen.

- Den Backofengrill auf Grillfunktion vorheizen.

- Die Keulen mit 5 EL Brühe und der Hautseite nach oben auf ein Backblech oder in eine Auflaufform legen. Auf der untersten Einschubleiste in 15 bis 20 Minuten kross braten.

Salat

- Den Salat waschen, zerkleinern, trocken schleudern. Die Kräuterblätter von den Stielen zupfen. Die Orangen mit einem scharfen Messer schälen und auch das Weiße der Schale entfernen. Die Orangenfilets zwischen den Trennhäuten herausschneiden und auf einem Sieb abtropfen lassen, aus dem Rest der Orangen den Saft ausdrücken und mit dem abgetropften Saft der Orangenfilets mischen.

- Für das Dressing Brühe, Essig, Orangensaft und Johannisbeergelee in einen Mixbecher geben, mit Salz und Pfeffer würzen und das Pflanzenöl mit dem Arganöl hineinmixen, gegebenenfalls noch etwas nachwürzen.

- Die Salatblätter und die Orangenfilets mit dem Dressing marinieren, die Entenkeulen daneben anrichten.

Zutaten

(Für 4 Personen)

Krautsalat:

1 Kopf junges Weißkraut (von ganz jungem Kraut im Frühjahr 2 Köpfe)
Salz
1 EL Puderzucker
5 EL Rotweinessig
⅛ l Gemüsebrühe
2 EL Arganöl
Pfeffer aus der Mühle
1 Prise gemahlener Kümmel
1 Prise Cayennepfeffer
1 Prise Zucker zum Abschmecken
100 g gut durchwachsener Speck
1 EL mildes Pflanzenöl

Backhendl:

2 Eier
40 g doppelgriffiges Mehl
½ TL scharfer Senf
ein paar Tropfen Zitronensaft
Salz
Pfeffer aus der Mühle
1 Prise frisch geriebene Muskatnuss
150–200 g frisch geriebenes Weißbrot
1 TL „Schuhbecks marokkanisches Hähnchengewürz“ (siehe Seite 107)
4 Geflügelbrüste, ohne Haut und Knochen
mildes Pflanzenöl zum Ausbacken

BACKHENDL MIT WARMEM KRAUTSALAT

Krautsalat

Das Weißkraut putzen, fein hobeln, den Strunk dabei entfernen und das Kraut leicht salzen.

Den Puderzucker in einer Pfanne bei mittlerer Hitze hell karamellisieren, mit dem Essig ablöschen, auf gut die Hälfte einköcheln lassen (bei mittlerer Temperatur 20 bis 30 Sekunden), die Brühe hinzufügen, einmal aufkochen lassen und heiß über das Kraut gießen. Gut vermischen, das Arganöl hinzufügen und mit Salz, Pfeffer, Kümmel, Cayennepfeffer und gegebenenfalls noch mit etwas Zucker abschmecken.

Den Speck in kleine Würfel schneiden und in einer Pfanne bei milder Hitze im Öl kross braten. Auf einem Sieb das Bratfett abgießen und die Würfel zum Krautsalat geben.

Je nach Vorliebe können noch frische Kräuter hineingemischt werden.

Backhendl

Eier, Mehl und Senf zusammen glatt rühren und mit ein paar Tropfen Zitronensaft, Salz, Pfeffer und Muskat würzen. Weißbrotbrösel mit dem marokkanischen Hähnchengewürz vermischen und beide Mischungen in tiefe Teller oder Schalen füllen.

Die Geflügelbrüste in 3 bis 4 cm breite Streifen schneiden, salzen, pfeffern und nacheinander zuerst in der Eier-Mehl-Mischung, dann in den Weißbrotbröseln wenden.

Die panierten Geflügelstücke in einer Pfanne bei milder Hitze in reichlich Öl von beiden Seiten in insgesamt 4 bis 5 Minuten goldbraun ausbacken. Auf einem Küchenpapier abtropfen lassen, leicht salzen und mit dem lauwarmen Krautsalat servieren.

GEBRATENE GEFLÜGELBRUST MIT KRÄUTERRISOTTO

Zutaten
(Für 4 Personen)

Pesto:
100 g Blattspinat
Salz
1 Bund Basilikum
½ geschälte Knoblauchzehe
1 TL frisch gebräunte Mandeln
90 ml mildes Olivenöl
1 TL frisch geriebener Parmesan
30 g gebräunte Butter (nicht zu heiß)
Pfeffer aus der Mühle
ein paar Tropfen Zitronensaft

Risotto:
1 Zwiebel
2 EL Olivenöl
300 g Risottoreis (Rundkornreis, z. B. Vialone nano, Arborio)
1 kleines Lorbeerblatt
80 ml Weißwein
750 ml heiße Geflügelbrühe
½ Knoblauchzehe
1 kleine Scheibe Ingwer
1 Streifen unbehandelte Zitronenschale
Salz
frisch geriebene Muskatnuss
1 Prise Cayennepfeffer
2 EL Parmesan, gerieben

Geflügelbrust:
4 Geflügelbrüste mit Haut à 150 g
12 schöne Petersilienblätter (oder Basilikum, Rosmarin usw.)
Salz
2 EL mildes Pflanzenöl
1 TL „Schuhbecks marokkanisches Hähnchengewürz“ (siehe Seite 107)
3-4 TL Arganöl

Pesto

Für den Pesto die Spinatblätter von den Stielen zupfen und in Salzwasser blanchieren, in kaltem Wasser abschrecken und auf einem Sieb abtropfen lassen. Mit den Händen das übrige Wasser ausdrücken und den Spinat klein schneiden. Die Basilikumblätter von den Stielen zupfen. Die Knoblauchzehe schälen und in Scheiben schneiden.

Knoblauch und Mandeln mit dem Olivenöl in einem Mixer fein pürieren. Blattspinat, Basilikumblätter, Parmesan und gebräunte Butter hinzufügen. Mit Salz, Pfeffer und Zitronensaft würzen und zu einem nicht zu feinen Pesto mixen.

Risotto

Die Zwiebel schälen und klein würfeln. In einem Topf im Öl bei mittlerer Hitze glasig anschwitzen. Den Reis hinzufügen und mitschwitzen lassen, bis die Körner heiß und glasig sind. Das Lorbeerblatt dazugeben, mit Weißwein ablöschen, reduzieren lassen und mit etwas heißer Brühe aufgießen. Unter ständigem Rühren immer wieder etwas Flüssigkeit zugeben und einziehen bzw. vom Reis aufsaugen lassen, bis die Reiskörner weich sind, aber noch Biss haben. Nach 10 Minuten Knoblauch, Ingwer und Zitronenschale in den Risotto geben. Sobald der Reis fertig ist, die Gewürze wieder entfernen, den Risotto mit Salz, Muskat und Cayennepfeffer würzen, 3 EL Pesto und zuletzt den Parmesan hineinrühren.

Geflügelbrust

Den Backofen auf 100°C vorheizen, ein Ofengitter in die mittlere Einschubleiste und darauf ein Abtropfblech schieben.

Von den Geflügelbrüsten die Haut auf einer Seite abheben, ein paar schöne Petersilienblätter darunterlegen und die Haut straff darüberziehen. Auf der Hautseite in einer Pfanne im Öl bei milder Hitze 5 bis 6 Minuten kross anbraten. Die Pfanne vom Herd nehmen, die Geflügelbrüste wenden, noch kurz in der Pfanne lassen und auf das Gitter in den Ofen legen. 30 Minuten darin saftig durchziehen lassen, anschließend salzen und mit marokkanischem Hähnchengewürz würzen.

Zum Anrichten den Risotto auf warmen Tellern verteilen, die Geflügelbrüste in Scheiben schneiden und danebenlegen. Das Arganöl darüberträufeln.

GEWÜRZE

Erlesene und fein abgestimmte Gewürze spielen in Alfons Schuhbecks Küche eine wichtige Rolle und werden, um sie delikat zur Wirkung zu bringen, sehr sorgfältig eingesetzt:

„Gemahlene Gewürze gebe ich immer erst gegen Ende der Garzeit an ein Gericht, denn sie entfalten sich sehr schnell. Auf Fleisch oder Fisch streue ich sie nur selten direkt und vor dem Garen, sondern gebe sie zum Schluss an die Sauce oder eine Suppe – oder mische die Gewürze einfach mit ein wenig zerlassener Butter oder leicht erwärmtem Öl und träufle sie dann so über die gegarten Speisen.

Frische Gewürze wie Knoblauch und Ingwer kommen auch erst ganz zum Schluss an ein Gericht. Beide können geschält und gehackt oder in größeren Stücken verwendet werden. Knoblauch verwende ich gerne geschält und halbiert oder in Scheiben geschnitten, so kann ich ihn nach einigen Minuten wieder entfernen und die Dosierung dabei genauer abstimmen. Auch Ingwer verwende ich gerne in Scheiben geschnitten, er muss dafür nicht geschält werden. Wenn Ingwer und Knoblauch kombiniert werden, schmecken beide viel feiner und man riecht nach dem Verzehr nicht nach Knoblauch."

Ras el hanout ist eine komplexe Mischung feinster Gewürze: Koriander, Kreuzkümmel, Kardamom, Zimt, Anis, schwarzer Pfeffer, Chili, Kurkuma, edelsüßer Paprika, Ingwer, Knoblauch, Nelken, Sternanis, Muskat, Rosenblüten, Schwarzkümmel, Lavendel und Paradieskörner.

Marokkanisches Hähnchen- und Grillgewürz setzt sich zusammen aus: edelsüßem Paprika, Kreuzkümmel, Ingwer, Koriander, Knoblauch, Kardamom, Kurkuma, schwarzem Pfeffer, Zimt und Chili.

Wenn Sie diese Spezialgewürze nicht zur Hand haben, können Sie sich mit einer eigenen Mischung behelfen aus je einer Prise Kardamom, Zimt, Kreuzkümmel, Koriander und schwarzem Pfeffer. Oder noch besser: Sie mahlen alles frisch in einer Gewürzmühle.

GEKRÄUTERTE GEFLÜGELBRUST MIT FRÜHLINGSSPINAT,

Zutaten:

(Für 4 Personen)

Kartoffelpüree:

2 große festkochende, geschälte Kartoffeln
Salz
100 ml fettarme Milch
1 EL Butter
etwas frisch geriebene Muskatnuss

Geflügelbrust:

4 Geflügelbrüste mit Haut, ohne Flügel, küchenfertig
einige frische Petersilien- und Basilikumblätter
Salz, Pfeffer aus der Mühle
1 EL mildes Pflanzenöl

Spinat:

500 g junge Spinatblätter
200 g Kirschtomaten
1 Zwiebel
200 ml Geflügelbrühe
2 Scheiben Ingwer
2 Scheiben Knoblauch
Salz, Pfeffer aus der Mühle
etwas frisch geriebene Muskatnuss
1–2 EL Arganöl

KIRSCHTOMATEN UND KARTOFFELPÜREE

Kartoffelpüree

Die Kartoffeln in Salzwasser gar kochen und durch eine Kartoffelpresse drücken. Die Milch mit der Butter erhitzen und in das Püree rühren, mit Salz und einem Hauch Muskat abschmecken.

Geflügelbrust

Den Ofen auf 100° C vorheizen und ein Gitter mit Abtropfblech in die mittlere Einschubleiste schieben.

Die Haut vom Brustfleisch etwas abheben, Petersilien- und Basilikumblätter auf das Fleisch legen und die Haut straff darüberziehen. Mit Salz und Pfeffer von beiden Seiten würzen und in einer beschichteten Pfanne mit dickem Boden bei milder Hitze in etwas Öl auf der Hautseite in 5 bis 6 Minuten nicht zu dunkel bräunen. Die Geflügelbrüste wenden, noch kurz in der Pfanne lassen, auf das Gitter im Ofen legen und 30 Minuten durchziehen lassen.

Spinat

Die Spinatblätter gründlich waschen und abtropfen lassen. In Salzwasser kurz blanchieren, in kaltem Wasser abschrecken, auf einem Sieb gut abtropfen lassen und mit den Händen das übrige Wasser ausdrücken. Die Kirschtomaten waschen, quer halbieren, große Exemplare vierteln.

Die Zwiebel schälen, in kleine Würfel schneiden und in einem kleinen flachen Topf in Geflügelbrühe etwa 5 Minuten weich garen. Dabei mehr ziehen als köcheln lassen. Ingwer und Knoblauch einlegen, den vorgekochten Spinat mit den Kirschtomaten hinzufügen und darin erhitzen. Mit Salz, Pfeffer und einem Hauch frisch geriebener Muskatnuss würzen und unmittelbar vor dem Servieren das Arganöl darunterziehen.

Den Spinat auf vier warmen Tellern verteilen, Ingwer und Knoblauch dabei entfernen. Je eine Geflügelbrust daraufsetzen und das Kartoffelpüree daneben anrichten.

Z
EINGELEGTES ZITRONENHÄHNCHEN

Zutaten
(Für 4 Personen)

Hähnchen:

4 Hähnchenbrustfilets, enthäutet
120 ml mildes Pflanzenöl
75 ml Geflügelbrühe
1 TL „Schuhbecks marokkanisches Hähnchengewürz“ (siehe Seite 107)
1 kleinere unbehandelte Zitrone
½ TL scharfer Senf
½ TL leicht angedrückte Wacholderbeeren
2 Scheiben Ingwer
2 geschälte und halbierte Knoblauchzehen
1 Prise Cayennepfeffer
2 frische Rosmarinzweige
Salz, schwarzer Pfeffer aus der Mühle
3–4 TL Arganöl
einige Minzeblätter zum Garnieren

Die Filets in einer tiefen Pfanne in 1 EL Öl auf beiden Seiten bei milder Hitze insgesamt etwa 2 bis 3 Minuten anbraten. Die Brühe hinzufügen, einen Deckel aufsetzen und die Hähnchenbrüste darin unter dem Siedepunkt etwa 10 Minuten saftig durchziehen lassen.

Das restliche Öl in einem Topf leicht erwärmen, die Brühe von den Hühnerbrüstchen dazugeben und mit marokkanischem Hähnchengewürz würzen. Die Zitrone waschen, die gelbe Schale mit einem Schäler abnehmen, halbieren und entsaften. Schalen und Saft zusammen mit Senf, Wacholder, Ingwer, Knoblauch, Cayennepfeffer und Rosmarinzweigen in die Öl-Brühe-Mischung rühren.

Die Hühnerbrüstchen salzen, pfeffern, schräg dritteln, nebeneinander in eine große Auflaufform legen, mit der Öl-Zitronen-Mischung übergießen und sofort servieren oder zugedeckt mehrere Stunden ziehen lassen.

Zum Servieren aus der Marinade nehmen, mit etwas Arganöl beträufeln und mit Minzeblättern garnieren.

GEFLÜGEL-GEMÜSE-EINTOPF MIT PFIFFERLINGEN

Zutaten

(Für 8 Personen)

1 Freilandhuhn (ca. 1,4 kg)
3,5–4 l Gemüsebrühe
1 Karotte
1 Petersilienwurzel
150 g Knollensellerie
½ dünne Lauchstange
½ ungeschälte braunschalige Zwiebel
1 Lorbeerblatt
½ TL Pimentkörner
½–1 TL schwarze Pfefferkörner
150 g kleine Pfifferlinge
5 Petersilienstiele
2 Streifen unbehandelte Zitronenschale
1 halbierte Knoblauchzehe
2 Scheiben Ingwer
Salz
1 Prise Cayennepfeffer
½–1 EL mildes Pflanzenöl
Pfeffer aus der Mühle
etwas frisch geriebene Muskatnuss
6–8 TL Arganöl
2 EL Schnittlauchröllchen

Das Freilandhuhn unter fließendem kaltem Wasser sorgfältig waschen und die Fettdrüsen herausschneiden. In einen entsprechend großen Topf geben und mit der Brühe bedecken. Langsam aufkochen lassen, den dabei aufsteigenden Schaum mit einer Kelle von der Oberfläche abnehmen und knapp unter dem Siedepunkt etwa 1½ Stunden ziehen lassen.

Karotte, Petersilienwurzel und Sellerie schälen, den Lauch putzen und gründlich waschen, die Zwiebel mit der Schnittseite auf einem Stück Alufolie in einer unbeschichteten Pfanne ohne Fettzugabe dunkel rösten. Die Zwiebel mit Lorbeerblatt, Pimentkörnern, Pfefferkörnern, Karotte, Petersilienwurzel, Sellerie und Lauch nach etwa 45 Minuten Garzeit zur Brühe geben.

Das Huhn aus der Brühe heben, Brüste und Keulen auslösen, von Knochen und Haut befreien und mit Karotte, Petersilienwurzel und Sellerie in ca. 1,5 cm große Stücke schneiden. Die Brühe vorsichtig durch ein feines Sieb gießen, für die Suppe 1,5 l abmessen und übrige Brühe zum späteren Gebrauch einfrieren.

Die Pfifferlinge gründlich putzen, wenn nötig kurz waschen und größere Exemplare zerkleinern.

1,5 l Brühe in einem Topf erhitzen, Petersilienstiele, Zitronenschale, Knoblauch und Ingwer einlegen, 5 Minuten knapp unter dem Siedepunkt darin mehr ziehen als köcheln lassen und wieder entfernen. Mit Salz und Cayennepfeffer abschmecken.

Das Geflügelfleisch und das Gemüse in der Brühe erhitzen, die Pfifferlinge in einer Pfanne in ½ bis 1 EL Öl kurz anbraten, leicht salzen und pfeffern, auf Küchenpapier etwas abtropfen lassen und in den Eintopf geben. Ein wenig Muskatnuss auf die heißen Suppenteller reiben, den Eintopf darauf verteilen, mit Arganöl beträufeln und mit Schnittlauch bestreuen.

GEBLÄTTERTER ROSA KALBSRÜCKEN

MIT GRANATAPFEL-KAPERN-ROSINEN-VINAIGRETTE

Zutaten
(Für 4 Personen)

Kalbsrücken:
600 g entsehnter Kalbsrücken
Salz, Pfeffer aus der Mühle
1–2 EL mildes Pflanzenöl

Vinaigrette:
5 EL Geflügelbrühe
1 EL Rosinen
½ Knoblauchzehe
2 EL weißer Balsamico
1 EL mildes Pflanzenöl
1 EL Arganöl
1 EL Granatapfelkerne
1 EL kleine Kapern
Salz, Pfeffer aus der Mühle
1 Prise Zucker

Kalbsrücken

Den Backofen auf 100°C vorheizen, in die mittlere Einschubleiste ein Ofengitter schieben und darunter ein Abtropfblech stellen.

Den Kalbsrücken in einer heißen Pfanne im Öl rundherum anbraten. Aus der Pfanne nehmen, auf das Gitter legen und in 1½ bis 2 Stunden rosa garen. Mit Salz und Pfeffer würzen.

Vinaigrette

Alle Zutaten miteinander verrühren und mit Salz, Pfeffer und Zucker würzen.

Zum Anrichten den Kalbsrücken lauwarm in dünne Scheiben schneiden. Angewärmte Teller damit belegen und die Vinaigrette darüber verteilen.

GEBRATENES KALBSKOTELETT

MIT MANGOLD, SPARGEL UND GEBRATENEN PFIRSICHSPALTEN

Zutaten
(Für 4 Personen)

Koteletts:
4 Kalbskoteletts à ca. 200–250 g
1 EL mildes Pflanzenöl
etwas Gemüsebrühe
1 EL Wacholderbeeren
1 EL Fenchelkörner
1 TL gelbe Senfkörner
1 TL Korianderkörner
1 EL schwarze Pfefferkörner
1–2 EL Butter
2 TL Arganöl
Salz, Pfeffer aus der Mühle

Gemüse:
½ Staude Mangold
Salz
250 g weißer Spargel
1 EL mildes Pflanzenöl
1/8 l Gemüsebrühe
1 TL Abrieb von einer unbehandelten Limette
1 Pfirsich
1 EL Butter
Salz, Pfeffer aus der Mühle

Koteletts

Den Backofen auf 100°C vorheizen, in die mittlere Einschubleiste ein Ofengitter und darunter ein Abtropfblech schieben.

Die Koteletts in der Pfanne im Öl auf beiden Seiten anbräunen, aus der Pfanne nehmen und auf das Ofengitter legen. Etwa 1 Stunde bei 100°C im vorgeheizten Ofen rosa durchziehen lassen. Den Bratensatz mit der Brühe ablöschen.

Wacholder, Fenchelkörner, Senfkörner, Koriander und schwarzen Pfeffer in einer Pfanne ohne Fettzugabe anrösten, bis die Gewürze zu duften beginnen, auskühlen lassen und in eine Gewürzmühle füllen. Etwas davon in den Bratsatz mahlen, die Butter hineinschmelzen lassen und das Arganöl hinzufügen, salzen und pfeffern. Die fertig gegarten Kalbskoteletts darin wenden.

Gemüse

Den Mangold in einzelne Blätter teilen, waschen, die grünen Blätter von den Stielen trennen, in 2 bis 3 cm breite Streifen schneiden, in Salzwasser bissfest blanchieren, in kaltem Wasser abschrecken und abtropfen lassen.

Den Spargel schälen, die holzigen Enden entfernen und schräg in dünne Scheiben schneiden. In einem flachen Topf in etwas Pflanzenöl bei milder Hitze anbraten, die Brühe angießen, etwa 3 Minuten darin dünsten lassen, den Limettenabrieb hinzufügen und die Mangoldblätter hineingeben.

Nebenbei den Pfirsich waschen, entkernen, in Spalten schneiden und in einer Pfanne in Butter bei milder Hitze farblos anbraten. Zum Mangoldgemüse geben und mit Salz und Pfeffer würzen.

Das Gemüse auf warmen Tellern anrichten, die Koteletts darauflegen und mit der restlichen Gewürzbutter beträufeln.

TAFELSPITZ

Zutaten
(Für 4 Personen)

1,2 kg Tafelspitz
2 EL mildes Pflanzenöl
3 Zwiebeln
200 g Knollensellerie
2 Karotten
1 Petersilienwurzel
1 Lorbeerblatt
1 Knoblauchzehe
½ TL schwarze Pfefferkörner
3 Wacholderbeeren
1 mittelscharfe Chilischote
Salz, Pfeffer aus der Mühle
3–4 TL Arganöl
1 EL Schnittlauchröllchen
frischer, geschälter Meerrettich

- Den Tafelspitz in einem Topf im Öl bei mittlerer Hitze rundherum anbraten. Mit ca. 3 l Wasser auffüllen, bis das Fleisch gut bedeckt ist. Bei milder Hitze knapp unter dem Siedepunkt 3 Stunden mehr ziehen als köcheln lassen, bis das Fleisch weich ist. Den dabei aufsteigenden Schaum abschöpfen.

- Eine Zwiebel ungeschält halbieren und die Schnittfläche in einer unbeschichteten Pfanne ohne Fettzugabe auf einem Stück Alufolie dunkel bräunen und nach 1 Stunde Garzeit zur Brühe geben.

- Sellerie, Karotten, Petersilienwurzel und die übrigen Zwiebeln schälen. Karotten und Petersilienwurzeln in Scheiben, Zwiebel und Sellerie in etwa 1 cm große Stücke schneiden. Das Gemüse nach 2½ Stunden Garzeit mit den Gewürzen in die Suppe geben und zum Schluss salzen.

- Den Tafelspitz in fingerdicke Scheiben schneiden und mit dem Gemüse auf flachen warmen Tellern anrichten. Mit ein wenig Brühe beträufeln, mit Salz, je nach Vorliebe auch mit grobem Salz und Pfeffer würzen. Mit Arganöl beträufeln, mit Schnittlauch bestreuen und etwas Meerrettich frisch darüber hobeln.

RINDERLENDE MIT SELLERIESCHAUM AUF BOHNEN

Zutaten
(Für 4 Personen)

Selleriepüree:
500 g Knollensellerie
1/8 l Gemüsebrühe
60 g kalte Butter
Pfeffer aus der Mühle
etwas frisch geriebene Muskatnuss

Kräuterkruste:
125 g weiche Butter
1–2 TL scharfer Senf
1 EL frische, fein gehackte Rosmarinnadeln
1 EL frisch geschnittene Petersilie
1 TL frisch geriebener Parmesan
1 kleine gehackte Knoblauchzehe
40 g Weißbrotbrösel
Salz, Pfeffer aus der Mühle

Bohnen:
400 g breite grüne Bohnen
Salz
80 ml Gemüsebrühe
20 g Butter
Pfeffer aus der Mühle
etwas Petersilie zum Garnieren

Rinderlende:
4 Rinderlendenscheiben à 150 g
1 EL mildes Pflanzenöl
Salz, Pfeffer aus der Mühle
2 TL Arganöl

Selleriepüree

Den Sellerie schälen und in 1 cm große Würfel schneiden. In einem kleinen Topf die Brühe erhitzen, die Selleriestücke hineingeben und etwa 20 Minuten bei geschlossenem Deckel weich dünsten. Den Sellerie auf einem Sieb abgießen, in einem Mixer pürieren, dabei so viel Kochflüssigkeit wie nötig hinzufügen und die Butter dazugeben. Mit Salz, Pfeffer und Muskat abschmecken.

Kräuterkruste

Weiche Butter schaumig rühren, Senf, Kräuter, Parmesan, Knoblauch und Semmelbrösel daruntermischen. Mit Salz und Pfeffer würzen und mit Hilfe von Pergamentpapier zu einer 3 cm dicken Rolle formen und kalt stellen.

Bohnen

Die Bohnen putzen und schräg in 1 bis 2 cm breite Stücke schneiden. In Salzwasser blanchieren, in kaltem Wasser abschrecken und auf einem Sieb abtropfen lassen. Die Brühe erhitzen, die Bohnen darin heiß schwenken, die Butter hineinrühren und mit Salz und Pfeffer würzen. Mit Petersilie garnieren.

Rinderlende

Die Grillfunktion des Backofens einschalten.

Die Lendenscheiben mit dem Handballen etwas flach drücken. In einer Pfanne bei mittlerer Temperatur das Öl erhitzen und das Fleisch darin auf jeder Seite etwa 2 ½ Minuten braten. Auf Küchenpapier abtropfen und mit Salz und Pfeffer würzen.

Je einen Esslöffel Selleriepüree auf eine Rinderlendenscheibe streichen. Die Kräuterkruste in dünne Scheiben schneiden und auf das Selleriepüree legen.

Unter dem vorgeheizten Grill auf der mittleren Einschubleiste in etwa 4 Minuten goldbraun überbacken. Zum Anrichten einige Tropfen Arganöl auf die Stelle des Tellers tropfen, die für das Fleisch vorgesehen ist, und das Fleisch daraufsetzen. Mit dem Bohnengemüse servieren.

Tipp Bohnen mit 1 Esslöffel frisch gehacktem Dill und 2 Esslöffeln gerösteten Speckwürfeln verfeinern.

GEBRATENES RINDERFILETSTEAK AUF WINTERLICHEM GEMÜSE

Zutaten
(Für 4 Personen)

Rinderfilet:

4 Rinderfiletsteaks oder Kalbsfiletsteaks von je 5–6 cm Dicke, aus dem Mittelstück (à 200 g)
1–2 TL mildes Pflanzenöl
Salz, Pfeffer aus der Mühle

Gemüse:

100 g Rosenkohl
Salz
1 Schwarzwurzel
2 Karotten
200 g gekochte, geschälte Maronen
½ Zimtrinde
½ ausgekratzte Vanilleschote
100 ml Gemüsebrühe
Pfeffer aus der Mühle
1 Prise frisch geriebene Muskatnuss
1 Prise gemahlene Chilischote
1 EL Arganöl

Rinderfilet

Den Backofen auf 100 °C vorheizen, ein Ofengitter in die mittlere Einschubleiste schieben und darunter ein Abtropfblech stellen.

Die Steaks mit dem Handballen etwas flach drücken. In einer Pfanne bei mittlerer Hitze im Öl rundherum anbräunen. Auf das Ofengitter legen und in 50 bis 60 Minuten rosa garen, anschließend salzen und pfeffern.

Gemüse

Den Rosenkohl putzen, in einzelne Blätter teilen, in Salzwasser fast weich kochen, in kaltem Wasser abschrecken und auf einem Sieb abtropfen lassen. Schwarzwurzel und Karotten schälen, die Schwarzwurzeln schräg in Scheiben, die Karotten in Stifte schneiden und beides nacheinander in Salzwasser bissfest blanchieren, in kaltem Wasser abschrecken und auf einem Sieb abtropfen lassen.

Rosenkohlblätter mit Schwarzwurzeln, Karotten, Maronen, Zimt, Vanille und Brühe in einen Topf geben. Mit Salz, Pfeffer, Muskat und Chili würzen und zuletzt das Arganöl dazugeben.

Das Fleisch mit dem Gemüse auf warmen Tellern anrichten und je nach Belieben noch zusätzlich mit Arganöl beträufeln.

Zutaten
(Für 4 Personen)

Sauce:
2 mittelgroße Zwiebeln
3 EL Butter
½–1 TL Tomatenmark
70 ml roter Portwein
125 ml Rotwein
400 ml Geflügelbrühe
1 kleines Lorbeerblatt
2 TL Speisestärke
1 Prise Majoran
Salz, Pfeffer aus der Mühle
1 Streifen unbehandelte Zitronenschale
½ geschälte Knoblauchzehe

Leber:
700 g Kalbsleber
1–2 EL mildes Pflanzenöl

Apfelspalten:
1 Apfel
1–2 TL Puderzucker
1 EL Butter
2–3 TL Arganöl

Sauce

Die Zwiebeln schälen, halbieren und quer in Streifen schneiden. In einer Pfanne in 1 bis 2 EL Butter bei milder Hitze mittelbraun anbraten. Das Tomatenmark hineinrühren, mit Portwein und Rotwein ablöschen, sämig einköcheln lassen, mit der Geflügelbrühe auffüllen und das Lorbeerblatt einlegen. 10 Minuten knapp unter dem Siedepunkt ziehen lassen. Die Speisestärke mit etwas kaltem Wasser glatt rühren, in die Sauce rühren und 2 Minuten leise köcheln lassen. Mit Majoran, Salz und Pfeffer würzen, Zitronenschale und Knoblauch einlegen, einige Minuten ziehen lassen und mit dem Lorbeerblatt entfernen. Zum Schluss die übrige Butter hineinschmelzen.

Leber

Die Leber enthäuten und entsehnen, in knapp 5 bis 8 mm dicke Scheiben schneiden und in einer Pfanne im Öl bei mittlerer Hitze auf beiden Seiten je etwa ½ Minute braten. Auf Küchenpapier abtropfen lassen, in die Sauce legen und warm stellen, aber nicht mehr kochen lassen.

Apfelspalten

Den Apfel waschen, vierteln und in schmale Spalten schneiden. In einer Pfanne bei milder Hitze den Puderzucker hell karamellisieren, die Apfelspalten darin auf beiden Seiten anbräunen und die Butter hineinschmelzen lassen.

Das Arganöl in die Sauce rühren, die Leber mit der Sauce auf vorgewärmten Tellern anrichten, mit den karamellisierten Apfelspalten garnieren und mit Arganöl beträufeln.

KALBSLEBER MIT ZWIEBELSAUCE UND KARAMELLISIERTEN APFELSPALTEN

GEBRATENES PERLHUHN MIT SCHWARZEM TRÜFFEL

Zutaten

(Für 4 Personen)

1 Perlhuhn
je 1 unbehandelte Zitrone und Orange
Meersalz, Pfeffer aus der Mühle
1 Rosmarinzweig
2 geschälte Knoblauchzehen
2 große Zwiebeln
2 dünne Karotten
1 Stange Staudensellerie
1 EL mildes Pflanzenöl
4 cl Marsala
70 ml Weißwein
2 Lorbeerblätter
5 geschälte Knoblauchzehen (ersatzweise 1 Knoblauchzehe in Scheiben geschnitten)
1 TL gelbe Senfkörner
½ TL ganze Korianderkörner
Butterflocken
10 g Schwarzer Trüffel
2–3 getrocknete Feigen, klein geschnitten
1 EL Arganöl

Einen Römertopf 10 Minuten in Wasser legen.

Das Perlhuhn innen und außen waschen und trocken tupfen. Zitrone und Orange in Viertel schneiden, mit Meersalz, Pfeffer, Rosmarin und Knoblauch mischen und das Perlhuhn damit füllen.

Die Zwiebeln schälen und in 1 bis 1,5 cm große Scheiben schneiden. Die Karotten schälen und schräg in Scheiben schneiden, den Staudensellerie putzen und schräg in Scheiben schneiden.

Das Gemüse in einer Pfanne im Öl glasig anschwitzen, mit Marsala und Weißwein ablöschen, in den Römertopf füllen, das Perlhuhn daraufsetzen, den Deckel auflegen, in den kalten Ofen stellen, auf 180°C einschalten und 1 Stunde darin garen.

Den Deckel abnehmen, Lorbeer, Knoblauch, Senf- und Korianderkörner hinzufügen, das Perlhuhn mit Butter bepinseln und in weiteren 45 Minuten fertig garen. Zwischendurch öfter mit Butter bepinseln.

Den schwarzen Trüffel unter fließendem kaltem Wasser gründlich bürsten und in dünne Scheiben hobeln. In einer Pfanne in der restlichen Butter bei sehr milder Hitze kurz anschwitzen, mit den Feigen in das Schmorgemüse geben und schwarzen Pfeffer über das Gericht mahlen. Beim Anrichten mit Arganöl beträufeln.

SÜSSSPEISEN BESONDERER ART

Am besten passt Arganöl an Desserts, die einen nussigen Charakter haben oder zu denen Nüsse oder Mandeln gut passen würden. Cremes können vor dem Einfüllen probiert und eventuell nochmals mit Arganöl nachgewürzt werden. Bei Eis oder Parfait darf man da ruhig mutig sein, denn der Geschmack wird beim Frieren schwächer. Bei Gebäck gibt man es besser nach dem Backen dazu. Kuchen oder Teegebäck kann man mit einem Hauch Arganöl bestreichen.

JOGHURT MIT BEEREN UND MINZE

Zutaten

(Für 4 Personen)

400 g gemischte Beeren
4 Minzeblätter
600 g Jogurt
40 g angeröstete Pekannüsse oder Mandeln
3–4 TL Arganöl
2 EL flüssiger Honig

- Die Beeren verlesen und einige zum Dekorieren beiseite legen. Die Minzeblätter in feine Streifen schneiden.

- Den Joghurt mit der Minze und den Beeren verrühren und in Dessertschälchen verteilen. Mit Beeren und Pekannüssen garnieren, Arganöl und Honig darüber träufeln.

GRATINIERTE HIMBEEREN

Zutaten
(Für 4 Personen)

2 Eigelb
2–3 EL Puderzucker
1 Msp. Abrieb einer unbehandelten Zitrone
2 EL Magerquark
2 Eiweiß
1 Prise Salz
2 EL Zucker
3–4 EL geschlagene Sahne
500 g Himbeeren
2 EL Arganöl
Puderzucker zum Bestäuben

Die Grillfunktion des Backofens einschalten.

Das Eigelb mit Puderzucker und Zitronenabrieb hell-schaumig aufschlagen und mit dem Quark verrühren. Das Eiweiß mit einer Prise Salz und Zucker zu einem glänzenden Schnee schlagen und mit der Sahne unter die Eigelbmasse ziehen.

Die Himbeeren verlesen, waschen, abtropfen lassen und in 4 tiefen Tellern oder in kleinen Schüsseln verteilen, mit Arganöl beträufeln. Die Gratiniermasse daraufstreichen und auf der mittleren Einschubleiste in etwa 2 Minuten gold braun backen. Mit Puderzucker bestäuben und je nach Vorliebe eine Kugel Mandel- oder Krokanteis daraufsetzen.

Zutaten

(Für 4 Personen)

Polentacreme:

2 Blatt Gelatine
¼ l Milch
20 g Zucker
Mark von ½ Vanilleschote
½ Zimtstange
2 Scheiben Ingwer
1 Prise Salz
50 g Polenta
Abrieb und Saft von ¼ Orange
Abrieb von ¼ Zitrone
2 cl Orangenlikör
2–3 EL Arganöl
200 g Schlagsahne
2 Eiweiß
30 g Zucker

Marinierte Früchte:

2 EL Zucker
2 EL Wasser
1 Kiwi
5 Erdbeeren
1 Banane
1 Babyananas
10 blaue Trauben
1 kleiner Apfel
2 cl Maraschino oder Orangenlikör
1 EL Zitronensaft

LEICHTE POLENTACREME MIT MARINIERTEN FRÜCHTEN

Polentacreme

Die Gelatine in kaltem Wasser einweichen.

Milch mit Zucker, Vanillemark, Zimtstange, Ingwer und Salz zum Kochen bringen. Die Polenta zugeben und unter ständigem Rühren etwa 4 Minuten lang dick kochen. Die eingeweichte Gelatine gut ausdrücken und unter die Masse rühren. Orangensaft, Orangen- und Zitronenabrieb und Orangenlikör dazugeben und auskühlen lassen, dann das Arganöl hineinrühren.

Die Sahne cremig schlagen, das Eiweiß mit dem Zucker zu einem festen Eischnee aufschlagen. Beides miteinander mischen und unter die ausgekühlte Polentamasse rühren. In kleine Porzellanförmchen füllen und für mindestens 4 Stunden in den Kühlschrank stellen. Zum Stürzen die Förmchen kurz in heißes Wasser tauchen.

Marinierte Früchte

Zucker mit Wasser einmal aufkochen und auskühlen lassen.

Die Früchte waschen, putzen und in kleine Stücke schneiden. Mit dem gekochten Läuterzucker (Zuckersirup), Likör und Zitronensaft marinieren und mit der Creme anrichten.

KÜRBISCREME
MIT ORANGEN-TRAUBEN-KOMPOTT

Zutaten
(Für 4 Personen)

Creme:
250 g Muskatkürbis
(200 g geschält)
125 ml Weißwein
1 Scheibe Ingwer
½ ausgekratzte Vanilleschote
1 Zacken Sternanis
1 Splitter einer Zimtrinde
3 Eigelb
je 1 Msp. Zitronen- und
Orangenabrieb
1 Msp. gemahlene Nelke
1 Msp. Vanillemark
30 g Puderzucker, gesiebt
4 ½ Blatt Gelatine
5 EL Amaretto
2 EL Arganöl
200 g Sahne
2 EL Zucker

Orangen-Trauben-Kompott:
60 g Puderzucker
250 ml Orangensaft
20 g Zucker
Vanille, Zimt, Orangenschale
1 TL Speisestärke
2 Orangenfilets
200 g weiße und blaue Trauben
120 g Maronen, Puderzucker

Creme

Für das Kürbispüree den Kürbis schälen, entkernen und in etwa 1 cm große Würfel schneiden. Mit Weißwein, Ingwer, Vanille, Sternanis und Zimt in einen Topf geben und darin knapp unter dem Siedepunkt etwa 30 Minuten zugedeckt weich garen. Die Gewürze entfernen, die Flüssigkeit abgießen, den Kürbis pürieren und auskühlen lassen.

Für die Creme das Eigelb mit Zitronen- und Orangenabrieb, Nelke, Vanille und Puderzucker hell-schaumig aufschlagen und mit dem Kürbispüree vermischen. Die Gelatine in kaltem Wasser einweichen. Den Amaretto erwärmen und vom Herd nehmen, die Gelatine ausdrücken, im Likör auflösen und mit dem Arganöl in die Kürbismasse rühren.

Die Sahne mit dem Zucker cremig aufschlagen und unter die Kürbismasse heben. In Portionsförmchen füllen und zugedeckt mindestens 2 Stunden in den Kühlschrank stellen.

Orangen-Trauben-Kompott

Puderzucker zu Karamell schmelzen, mit Orangensaft ablöschen, mit Zucker, Vanille, Zimt und Orangenschale aufkochen, mit Speisestärke leicht binden, abkühlen lassen und evtl. mit frisch gepresstem Orangensaft strecken.

Orangenfilets und Weintrauben damit marinieren.

Zutaten
(Für 4 Personen)

180 ml Sahne
180 ml Vollmilch
1–2 EL Arganöl
Mark von 1 Vanilleschote und die ausgekratzte Schote
40 g Zucker
4 Eigelb
1–2 EL brauner Zucker zum Karamellisieren

KARAMELLISIERTE RAHMCREME

Den Ofen auf 150 °C vorheizen.

Die Sahne zusammen mit der Milch, dem Arganöl, der Vanilleschote, dem Vanillemark und der Hälfte des Zuckers aufkochen lassen. Vom Herd nehmen und bedeckt ca. 15 Minuten ziehen lassen.

Das Eigelb mit dem restlichen Zucker gut verrühren, aber nicht schaumig schlagen. Die heiße Milch-Sahne-Mischung langsam in das Eigelb rühren. Die Mischung durch ein feines Sieb gießen und in Portionsschälchen aus Keramik von etwa 100 ml Fassungsvermögen füllen.

Die Schälchen in ein tiefes Ofenblech stellen und in den Ofen schieben. So viel heißes Wasser in das Ofenblech gießen, dass die Schälchen zu einem Drittel in Wasser stehen.

Die Creme ca. 30 bis 40 Minuten im Ofen stocken lassen, dabei spätestens nach einer halben Stunde mehrmals ihre Konsistenz prüfen. Aus dem Wasserbad nehmen und mindestens 4 Stunden, am besten über Nacht im Kühlschrank erkalten lassen.

Kurz vor dem Servieren die Grillfunktion des Backofens einstellen. Die Cremes gleichmäßig mit braunem Zucker bestreuen und sofort auf der obersten Einschubleiste unter dem Grill goldbraun karamellisieren.

Tipp Beim Einfüllen der Eiermilch in die Förmchen ist es wichtig, dass keine Blasen entstehen, damit die Creme nach dem Garen eine glatte Oberfläche hat.

MANDELCREME
MIT APRIKOSEN-BROMBEER-KOMPOTT

Zutaten
(Für 4 Personen)

Creme:
2 Blatt Gelatine
60 g Marzipanrohmasse
150 ml Vollmilch
1 EL Amaretto
1 EL Arganöl
125 g Sahne

Aprikosen:
8 mittelgroße Aprikosen
1 EL Puderzucker
¼ Vanilleschote
1 Streifen unbehandelte Orangenschale
125 ml Orangensaft
1 EL kalte Butter
150 g Brombeeren
1 EL geschälte, geriebene Mandeln
Puderzucker zum Bestäuben

Creme

Die Gelatineblätter in kaltem Wasser einweichen. Marzipan in einem hohen Behälter mit der Milch glatt mixen. Etwas Marzipanmilch erwärmen, die eingeweichte, ausgedrückte Gelatine darin auflösen, zur restlichen Marzipanmilch geben, den Amaretto mit dem Arganöl hineinrühren und auskühlen lassen.

Die Sahne halbsteif schlagen. Sobald die Mandelmilch anfängt einzudicken, ⅓ der Sahne mit einem Schneebesen hineinrühren, den Rest unterheben.

Die Creme in flache, breite Portionsförmchen füllen (10 cm Durchmesser und 2 cm hoch) und mindestens 2 Stunden im Kühlschrank durchziehen lassen.

Aprikosen

Die Aprikosen waschen, halbieren, entkernen und in schmale Spalten schneiden. In einer Pfanne den Puderzucker bei mittlerer Hitze hell karamellisieren, die Aprikosenspalten darin auf beiden Seiten anschwitzen, Vanilleschote und Orangenschale hinzufügen. Die Spalten herausnehmen, den Orangensaft hinzufügen, etwas einköcheln lassen, die Butter hineinschmelzen lassen, Vanille- und Orangenschale wieder entfernen. Zum Schluss die Aprikosenspalten mit den Brombeeren hinzufügen.

Zum Anrichten die Cremeförmchen in heißes Wasser tauchen, auf Dessertteller stürzen, mit geriebenen Mandeln bestreuen und mit Puderzucker bestäuben. Die Früchte außen herumlegen.

Tipp Beim Herstellen der Creme ist es besonders wichtig, dass die Mandelmilch bereits anfängt zu gelieren. So entsteht eine gleichmäßige Creme, die sich beim Kühlen nicht mehr absetzt.

MILCHREIS MIT EINGELEGTEN KIRSCHEN

Zutaten
(Für 4 Personen)

Milchreis:

130 g Milchreis
1 l Milch
1 ausgekratzte Vanilleschote
1 Prise Salz
1 Zimtrinde
1–2 EL Zucker
1 TL Abrieb einer unbehandelten Zitrone
1 EL Arganöl

Kirschen:

400 g Herzkirschen (ersatzweise 300 g Sauerkirschen aus dem Glas)
1 TL Speisestärke
100 ml Rotwein
100 ml roter Portwein
100 ml Sauerkirschsaft
40 g Zucker
1 ganzer Sternanis
1 kleines Stück Zimtstange
½ ausgekratzte Vanilleschote
1 Streifen unbehandelte Orangenschale
2 cl Kirschwasser
1 TL Honig
1 EL Zimtzucker

Milchreis

- Den Reis waschen, abtropfen lassen, mit Milch, Vanilleschote und einer Prise Salz in einem Topf langsam aufkochen lassen. Unter häufigem Rühren gut 25 bis 30 Minuten mehr ziehen als köcheln lassen. Nach 20 Minuten die Zimtrinde einlegen.

- Den Topf vom Herd nehmen, den Zucker mit dem Zitronenabrieb und Arganöl hineinrühren, Zimtrinde und Vanilleschote entfernen.

Kirschen

- Die Kirschen waschen, entstielen, halbieren und entsteinen.

- Die Speisestärke mit etwas Rotwein verrühren. Restlichen Rotwein mit Portwein, Kirschsaft, Zucker, Sternanis, Zimtstange, Vanilleschote und Orangenschale in einem Topf zum Kochen bringen. Die angerührte Speisestärke hineinrühren und weitere 2 Minuten leise köcheln lassen. Durch ein Sieb über die Kirschen gießen und erneut einmal aufkochen lassen. Vom Herd ziehen und mit Kirschwasser und Honig verfeinern.

- Zum Anrichten den Milchreis in Dessertschalen füllen, mit Zimtzucker bestreuen und je 1 bis 2 EL eingelegte Kirschen daraufgeben.

DATTEL-FEIGEN-KUCHEN

Zutaten

Kuchen:

100 g getrocknete, entkernte Datteln
100 g getrocknete Feigen
4 cl Armagnac
100 g Walnüsse
1 EL Honig
100 g weiche Butter
150 g Zucker
80 g geschälte, fein geriebene Mandeln
1 Msp. Vanillemark
1 Msp. Nelke
½ TL Zimt
6 Eigelb
4 Eiweiß
1 Prise Salz
50 g Mehl
2–3 EL Arganöl

Glasur:

150 g dunkle Kuvertüre
80 g Sahne
1 EL Honig

Kuchen

Eine Kastenkuchenform mit Butter bestreichen und mit Mehl bestäuben.

Den Backofen auf 165°C vorheizen.

Für die Fülle Datteln und Feigen grob schneiden und in Armagnac einweichen. Die Walnüsse grob hacken und mit dem Honig vermischen.

Die Butter mit einem Drittel des Zuckers schaumig schlagen. Mandeln, Vanillemark, Nelke und Zimt hineinrühren, das Eigelb dazugeben und alles hell-schaumig schlagen. Die Früchte mit den Walnüssen unterziehen.

Das Eiweiß mit dem restlichen Zucker und einer Prise Salz zu einem festen Schnee schlagen.

Ein Drittel vom Eiweiß auf die Buttermasse geben, das Mehl darübersieben und alles verrühren. Das übrige Eiweiß sorgfältig unterheben.

Die Masse in die Kastenform füllen, glatt streichen und im vorgeheizten Ofen auf der unteren Einschubleiste etwa 1 Stunde backen. Falls die Oberfläche zu schnell bräunt, mit Alufolie abdecken.

Etwas abkühlen lassen, aus der Form stürzen und mit dem Arganöl bepinseln.

Glasur

Die Kuvertüre klein hacken, mit Sahne und Honig auf dem Wasserbad schmelzen lassen, den Kuchen mit einem Pinsel damit überziehen und an einem kühlen Ort in mehreren Stunden fest werden lassen. Mit einem nassen, heißen Messer schneiden.

WEISSES SCHOKOLADEN-MOHN-MOUSSE MIT ROTWEINBIRNEN

Zutaten
(Für 4 Personen)

Mousse:
30 g Mohn
1 EL Zucker
1 Streifen unbehandelte Zitronenschale
300 ml Milch
200 g weiße Kuvertüre
400 g Sahne
3 Eigelb
1 TL Zucker
2 Blatt Gelatine
3 EL Kirschwasser
1 EL Arganöl

Rotweinbirnen:
4 reife, aber feste kleinere Birnen
1 EL Puderzucker
100 ml roter Portwein
¼ l Rotwein
¼ l schwarzer Johannisbeersaft (Cassis)
100 g Zucker
1 aufgeschlitzte Vanilleschote
½ Zimtstange
1 Scheibe Ingwer
2 dünne Orangenschalen
1 gestr. EL Speisestärke
4 cl Cassislikör

Mousse

Den Mohn mit Zucker und Zitronenschale in der Milch etwa 10 Minuten köcheln lassen und auf einem Sieb abgießen.

Die Kuvertüre zerkleinern, mit 100 g Sahne in einen Schlagkessel geben und auf dem Wasserbad auflösen. Das Eigelb mit dem Zucker hell-schaumig aufschlagen und mit der Kuvertüre vermischen. Die Gelatine in kaltem Wasser einweichen, das Kirschwasser in einem kleinen Topf erwärmen, vom Herd ziehen. Aus der Gelatine das Wasser weitgehend ausdrücken, im Kirschwasser auflösen und in die Schokomasse rühren. Den abgetropften Mohn mit dem Arganöl hineinrühren und abkühlen lassen.

Die übrige Sahne cremig schlagen, ein Drittel unter die abgekühlte Schokomasse rühren, den Rest unterheben, in eine Schüssel füllen und zugedeckt für etwa 2 Stunden in den Kühlschrank stellen.

Rotweinbirnen

Die Birnen schälen und mit einem Kugelausstecher von unten die Kerngehäuse entfernen.

Puderzucker in einem Kochtopf karamellisieren lassen, mit Portwein und Rotwein ablöschen, Johannisbeersaft und Zucker hinzufügen. Vanilleschote, Zimtstange, Ingwerscheibe und die Orangenschalen einlegen und aufkochen lassen. Die Birnen einlegen und je nach Reifegrad knapp unter dem Siedepunkt in etwa 10 Minuten nicht zu weich ziehen lassen. Die Birnen aus dem Gewürzsud nehmen.

Das Stärkemehl mit etwas kaltem Wasser glatt rühren. Den Rotweinsud aufkochen, die Stärke hineinrühren und das Ganze noch etwa 2 Minuten kochen lassen. Durch ein Sieb in eine Schüssel gießen, den Cassislikör hineinrühren und die Birnen wieder einlegen. Mit einem Blatt Backpapier oder Küchenpapier direkt bedecken und bestenfalls einen Tag in der Sauce ziehen lassen. Dadurch ist auch die Oberfläche der Birnen mit Rotweinsud überzogen und sie bekommen eine gleichmäßige Färbung.

Zum Anrichten die Rotweinbirnen aus der Sauce nehmen, abtropfen lassen und in Spalten schneiden. Mit einem Eiskugelausstecher oder einem Esslöffel, der immer wieder in heißes Wasser getaucht wird, aus der Mousse Kugeln oder Nocken ausstechen und mit den Birnenspalten auf Desserttellern anrichten.

ERDBEER-PFIRSICH-TIRAMISU

Zutaten
(Für 4 Personen)

2 Eigelb
60 g Puderzucker
250 g Mascarpone
1–2 EL Arganöl
100 g Sahne
2 Eiweiß
4 cl Pfirsichlikör
200 g Erdbeeren
500 g abgetropfte Pfirsichhälften aus der Dose
350 ml Abtropfsaft von eingelegten Pfirsichen
4 cl Pfirsichlikör
200 g Löffelbiskuits
geriebene, weiße Schokospäne zum Garnieren

Das Eigelb mit der Hälfte des Puderzuckers auf dem Wasserbad hell-schaumig aufschlagen, vom Herd nehmen, dann den Mascarpone mit dem Arganöl hineinrühren.

Die Sahne halbsteif schlagen, das Eiweiß mit der anderen Hälfte des Puderzuckers zu einem cremigen, festen Schnee schlagen und unter die Sahne heben. Unter die Mascarponemasse heben und mit Pfirsichlikör abschmecken.

Die Erdbeeren entkelchen, waschen und in Scheiben schneiden. Die Pfirsiche abtropfen lassen und in Scheiben schneiden. Abtropfsaft mit Pfirsichlikör verrühren.

Die Hälfte der Löffelbiskuits kurz in den Pfirsichsaft tauchen und dicht nebeneinander in eine viereckige Form (Auflaufform) schichten. Ein Drittel der Mascarponecreme und die Hälfte der Pfirsiche und der Erdbeeren darauf verteilen und den Vorgang mit Löffelbiskuits, Creme, Pfirsichen und Erdbeeren wiederholen. Dabei sollte die oberste Schicht die Mascarponecreme bilden. Zum Garnieren Schokospäne darüber reiben.

Im Kühlschrank mehrere Stunden durchziehen lassen. In Portionsstücke teilen, aus der Form heben und auf Kuchenteller setzen.

ZITRONENCRÈPES MIT MARINIERTEN ERDBEEREN UND SAUERRAHM-MINZE-SAUCE

Zutaten
(Für 4 Personen)

Crèpes:
100 g Mehl
1 Prise Salz
Abrieb einer unbehandelten Zitrone
1 EL Vanillezucker
300 ml Milch
3 Eier
50 g flüssige, warme Butter
Öl, Butter oder geklärte Butter zum Ausbacken

Sauerrahm-Minze-Sauce:
150 g Sauerrahm
50 g Sahne
1 TL Arganöl
2 EL Puderzucker
einige Tropfen Zitronensaft
1 TL frisch geschnittene Minze

Erdbeeren:
250 g Erdbeeren
20 g Zucker
einige Tropfen Zitronensaft
etwas Puderzucker zum Abschmecken

Crèpes

Das Mehl mit 1 Prise Salz, Zitronenabrieb und dem Vanillezucker in eine Schüssel geben. Mit gut der Hälfte der Milch glatt rühren, die übrige Milch mit den Eiern hineinrühren und zuletzt die flüssige warme Butter hinzufügen. Den Teig am besten 30 Minuten ruhen lassen.

Bei milder Hitze in einer Pfanne in Butter hellbraune Crèpes backen. Einzeln zwischen Backpapierblättern aufbewahren.

Erdbeeren

Die Erdbeeren entkelchen und waschen. Ein Drittel mit dem Zucker mixen und durch ein Sieb streichen. Mit ein paar Tropfen Zitronensaft und etwas Puderzucker abschmecken und mit den restlichen Erdbeeren mischen.

Sauerrahm-Minze-Sauce

Den Sauerrahm mit Sahne und Arganöl zu einer glatten, sämigen Sauce rühren. Puderzucker und Zitronensaft hineinrühren und die Minze hinzufügen.

Vor dem Auftragen die Crèpes bei Bedarf in einer Pfanne nach und nach nochmals kurz erhitzen und mit den Erdbeeren und der Sauerrahm-Minze-Sauce auf Desserttellern anrichten. Mit Puderzucker bestäuben.

Tipp Für Krokantcrèpes streut man auf die frisch eingefüllten Crèpes jeweils ½ bis 1 EL Mandelkrokant und backt die Crèpes wie oben beschrieben fertig.

Zutaten
(Für 4 Personen)

1 vollreife orangefleischige Melone
4 EL Orangensaft
Saft von ½ Zitrone
30 g Zucker
1 EL Arganöl
60 ml weißer Portwein
2 Gläser Prosecco
4 Zweige Minze

Die Melone halbieren, die Kerne entfernen und aus dem Fruchtfleisch einige kleine Kugeln (ca. 120 g) als Einlage ausstechen. Das übrige Fleisch (ca. 400 g) mit Orangen- und Zitronensaft, Zucker, Arganöl und Portwein pürieren und zuletzt den Prosecco hinzufügen.

Die Melonenkugeln in die Suppe legen und zugedeckt mehrere Stunden kalt stellen. Kurz vor dem Servieren mit Zitronensaft und Puderzucker oder Läuterzucker (Zuckersirup) etwas abschmecken und evtl. noch einen Schuss Prosecco hinzufügen.

Einige Minzeblätter klein schneiden und auf die Suppe streuen, mit einem Zweig Minze garnieren.

MELONENSUPPE MIT MINZE

GESUNDHEIT UND KÖRPERPFLEGE

Die uralten Erfahrungen der Berberstämme in Marokko mit den allgemeinen gesundheitlichen Wirkungen des Arganöls in der Ernährung wie auch seine besonderen Heilkräfte bei Hautkrankheiten haben schließlich auch die Aufmerksamkeit der Wissenschaft, der vorbeugenden Medizin und der kosmetischen Industrie geweckt. Insbesondere an den Universitäten von Rabat, von Metz und in französischen Labors wurden intensive Studien und vergleichende Untersuchungen angestellt, um den Ursachen der außergewöhnlichen Wirkungen dieses Öls auch im Verhältnis zu anderen medizinisch wertvollen Ölen wie dem der Oliven oder der Sonnenblumen auf die Spur zu kommen.

Französische Kosmetikkonzerne, deren Interesse sich naturgemäß auf den praktischen Nutzen richtet, haben festgestellt, dass Arganöl die freien Radikale bindet, die zur Zellalterung beitragen, und somit seine zellverjüngenden Eigenschaften erklärt: als Hautöl glättet es Falten, beseitigt Krähenfüße und bewährt sich als ein exzeptionelles Anti-Aging-Mittel. Bei der ärztlichen Behandlung von Neurodermitis mit Arganöl hat sich darüber hinaus gezeigt, dass Rötungen, Juckreiz und Kratzeffekte bei den meisten Patienten innerhalb von vier Wochen fast völlig verschwanden.

Für Mediziner erschließt sich bei dem Stichwort Radikalenfänger freilich ein sehr viel größeres Spektrum: Es erklärt die optimale Wirkung der Inhaltsstoffe des Arganöls auf das Immunsystem des Körpers und seine erstaunlichen Erfolge bei Herz-Kreislauf-Erkrankungen, der Prävention von Krebserkrankungen sowie der allgemeinen Stärkung der Abwehrkräfte.

Freie Radikale und Antioxidantien

Im normalen Stoffwechsel entstehen durch den Einfluss von Sauerstoff und vermehrt durch die Belastung mit Schadstoffen und Umweltgiften so genannte freie Radikale. Das sind aggressive Moleküle, denen ein Elektron fehlt. Diesen Mangel versuchen sie zu beheben, indem sie anderen empfindlichen Strukturen im Körper Elektronen entreißen – und damit eine Kettenreaktion auslösen, bei der Proteine verändert und Zellwände beschädigt werden. Störungen des Immunsystems, vorzeitige Alterserscheinungen, Gefäßerkrankungen, Katarakte (grauer Star) und Krebs können die Folge sein.

Gegen diese Oxidation, den Angriff »molekularer Terrorbanden«, schützt und wehrt sich der Körper mit Antioxidantien. Das sind Substanzen, die den freien Radikalen das fehlende Element anbieten und damit die schädliche Kettenreaktion unterbrechen.

Bemerkenswert ist bei Arganöl der ausgesprochen hohe Gehalt an Tokopherol, das für die beeindruckende Wirksamkeit der Pflanze als Antioxidans und Radikalenfänger verantwortlich ist. Es schützt sehr effektiv auch die »Antennen« in der Zellmembran, die entscheidend sind für die perfekte Kommunikation aller Zellen untereinander, vom Nervensystem über die Blutgefäße bis zu den Immunzellen.

In keinem anderen Pflanzenöl ist ein so ungewöhnlich hoher Anteil des besonders wertvollen Gamma-Tokopherols zu finden. Nur Arganöl enthält die kostbaren Inhaltsstoffe Schottenol und Spinasterol, die signifikant zur Vorbeugung von Krebserkrankungen beitragen: Es ist inzwischen wissenschaftlich erwiesen, dass bei Einnahme (siehe Seite 153) von Arganöl ein fünfmal geringeres Krebsrisiko besteht.

WERTVOLLE INHALTSSTOFFE

Zuerst also das »Tokopherol«. Die Bezeichnung wird den Laien verwirren: Er kennt diese Gruppe fettlöslicher Verbindungen eher unter dem Namen Vitamin E. Sie übernehmen im Körper vielfältige Aufgaben, indem sie ungesättigte Fettsäuren vor der Zerstörung durch freie Radikale schützen. Arganöl enthält davon etwa 650 Milligramm pro Kilogramm, und das ist sehr viel, auch im Vergleich zu Olivenöl, das mit 320 Milligramm pro Kilo auf gerade die Hälfte kommt. Als Antioxidantien spielen Tokopherole eine wichtige Rolle bei der Abwehr von Umweltgiften, sie stärken das Immunsystem, schützen als Radikalenfänger die Haut und verbessern die Heilungsfähigkeit geschädigter Zellen.

Einzigartig ist beim Arganöl auch die Zusammensetzung der Phytosterole – das sind pflanzliche Sterine. Es handelt sich ausschließlich um die selten vorkommenden Sterole Schottenol und Alpha-Spinasterol, die als Mittel gegen das Wachstum von Zellen – Anti-Tumor-Wirkung – und bei Hautkrankheiten, Wundbehandlungen und Verbrennungen eingesetzt werden.

Die Triterpenalkohole im Arganöl sind ebenfalls biologisch aktive Substanzen, die in der Pflanzenheilkunde bei Hautschutz, Entzündungshemmung, Wundheilung und Desinfektion hervorragend wirken.

Von entscheidender Bedeutung ist bei Pflanzenölen die Zusammensetzung der drei verschiedenen Fettsäuren: der gesättigten, einfach ungesättigten und mehrfach ungesättigten. Letztere werden auch Omega- oder essentielle Fettsäuren genannt, weil der tierische und menschliche Organismus sie im Unterschied zu den anderen nicht selbst herstellen kann, sondern mit der Nahrung aufnehmen muss. Der Anteil ungesättigter Fettsäuren ist beim Arganöl mit 80 Prozent außergewöhnlich hoch – und fast die Hälfte davon entfällt auf die essentiellen Linol- und Linolensäuren.

Es ist freilich nicht die eine oder andere biochemische Substanz, es ist das harmonische Zusammenspiel seiner wertvollen Inhaltsstoffe, das die erstaunlichen immunologischen Wirkungen des Arganöls verursacht. Es ist wissenschaftlich erwiesen, dass es im Cholesterin den guten HDL-Anteil hebt, den schlechten LDL-Anteil senkt und die Blutfette signifikant vermindert; in Kontrolluntersuchungen kam es dabei auch zu einer Gewichtsreduktion von 12,7 Prozent. Es ist belegt, dass es vorbeugend und heilend bei arteriellem Hochdruck und cardiovaskulären Krankheiten hilft und als Antioxidans präventiv gegen Krebserkrankungen wirksam ist. Durch seinen Gehalt an pflanzlichen Hormonen (Isoflavone) kann es auch die Menopause günstig beeinflussen, ohne dass Krebsrisiken durch Hormonsubstitutionen entstehen.

Arganöl ist kein Wundermittel, aber ein wunderbares Heilmittel mit überzeugenden vorbeugenden Wirkungen. Man kann es, abgesehen von der sparsamen Verwendung in den täglichen Speisen, auch als Nahrungsergänzungsmittel einsetzen, und das ist gar nicht so teuer. Pro Tag werden mindestens 3 Gramm empfohlen – 3 mal 1 Teelöffel. Man kann auch höher dosieren, doch wichtiger ist die Einnahme über längere Zeiträume: 3 bis 6 Monate sollten es sein.

DIE VIELFÄLTIGEN WIRKUNGEN DES ARGANÖLS

Allgemeine positive Wirkungen

- antioxidativ
- desinfizierend
- feuchtigkeitsspendend (hydrogenisierend)
- pilztötend (fungizid)
- bakterientötend (bakterizid)
- durchblutungsfördernd
- zellverjüngend (Anti-Aging)
- abwehrstärkend (Antistress)

Anwendung in der Naturheilkunde

- Hautprobleme
  - Akne
  - Ekzeme
  - Neurodermitis
  - Sonnenbrand
- Haarprobleme
  - Haarausfall
  - Sprödes Haar
- Bindegewebsschwäche
  - Zellulite
- Gelenkerkrankungen
  - Rheumatische Erkrankungen
- Senkung des Krebsrisikos (Brust, Haut, Prostata)
  - als antioxidative Vorsorgemaßnahme
- Wechseljahre (als natürliches Hormon)
- Herz-Kreislauf-Beschwerden
  - Arteriosklerose
  - Bluthochdruck (arterielle Hypertonie)
  - Durchblutungsstörungen
  - Koronare Herzerkrankungen
  - Senkung des Herzinfarktrisikos (Cardioprävention)
- Fettstoffwechselstörungen (Hypercholesterinämie)
- Alzheimer
- Parkinson

Arganöl in der Kosmetik

- Zur Linderung von Faltenbildung
- Zur Verjüngung der Haut

Arganöl in der Ernährung

- zum Kochen und Würzen
- als Nahrungsergänzungsmittel

ARGANÖL IN DER KOSMETIK

Wie die Männer und Frauen in Marokko können auch Sie das Öl der Arganie zur Pflege Ihrer Haut und Schönheit verwenden. Sie brauchen dafür nur sparsame Mengen, können es aber auch mit anderen wertvollen Ölen und Substanzen mischen. Wichtig ist nur, dass Sie bei allen Produkten auf gute Qualität achten. Durch die angemessene Verwendung von Arganöl in der Ernährung sorgen Sie ohnehin für eine bessere Durchblutung Ihres Körpers, die auch der Entschlackung, Verjüngung und Vitalisierung der Haut zugute kommt, Entzündungen hemmt und die Abwehrkräfte stärkt. Das können Sie nun durch direktes Auftragen des Öls unterstützen. Hier einige Empfehlungen zur Pflege und Gesunderhaltung.

Bei einem **Solebad** mit Kristallsalzen regen Sie die Durchblutung der Haut mit einer sanften Massage an – und nach dem Bad massieren Sie Ihre »Problemzonen« oder den ganzen Körper sorgfältig mit Arganöl ein.

Für ein **Körperpeeling** reiben Sie die Haut mit Zitrone ab, mischen 3 Esslöffel Meersalz mit 5 Esslöffeln Arganöl und reiben damit die Haut in kreisenden Bewegungen ein. Mit milder Seife unter der warmen Dusche abwaschen, danach eine Viertelstunde Ruhepause.

Für ein stimulierendes **Badeöl** zur Schönheitspflege mischen Sie 100 Milliliter Arganöl mit je 30 Tropfen ätherischem Grapefruit- und Korianderöl.

Als **Massageöl** hilft das Arganöl auch gegen Schwangerschaftsstreifen und Zellulite.

Bei **Sonnenbrand** regeneriert eine Mischung aus 8 Esslöffeln Arganöl mit 25 Tropfen Aloe-vera-Öl (10-fach konzentriert) und etwas ätherischem Johanniskrautöl die strapazierte Haut: Die Mixtur sanft mit kreisenden Bewegungen auf die betroffenen Stellen auftragen und völlig einziehen lassen, ehe man sich mit leichten Stoffen einkleidet.

Trockene Haut, die zuweilen juckt, verlangt nach purem Arganöl. Sie können es aber auch in gleichem Verhältnis mit kalt gepresstem Mandelöl mischen. Am besten gleich nach dem Duschen, wenn die Haut noch feucht ist, damit es besser einzieht und so noch mehr Feuchtigkeit aufgenommen werden kann.

Für die **weibliche Brust** sind spezielle Cremes mit Arganöl entwickelt worden, die seine krebshemmenden Inhaltsstoffe Schottenol und Spinasterol nutzen. Neben der täglichen Einnahme von 3 mal 1 Teelöffel Arganöl ist die gründliche Massage mit einer solchen Creme anzuraten.

Bei **trockener Gesichtshaut** hilft eine sanfte Mixtur aus 1 Esslöffel Arganöl mit 1 Tropfen echtem Rosenöl: in sanft kreisenden Bewegungen sparsam auftragen.

Gegen **Akne, unreine oder gestresste Haut** wirkt eine Gesichtsmaske mit Grüner Heilerde. Dazu 4 Esslöffel grüne Heilerde mit lauwarmem Wasser zu einer Paste verrühren, 1 Esslöffel Arganöl dazugeben und zu einer homogenen, gerade noch streichfähigen Masse vermischen. Auftragen, dabei Mund und Augenpartie aussparen, und 15 Minuten einwirken lassen. Dann mit lauwarmem Wasser abwaschen und den restlichen Ölfilm sanft einmassieren. Hilft auch bei Akne und unreiner Haut an Rücken oder Dekolleté.

Das Einreiben einer Creme mit Arganöl oder mit reinem Arganöl schützt die Haut der Hände und hilft bei **brüchigen Nägeln.**

Trockene Haarspitzen kann man direkt mit Arganöl einmassieren oder man pflegt das ganze Haar mit einer Kurpackung, die auch der Kopfhaut dient. Dazu 4 Esslöffel Arganöl mit 10 Tropfen frisch gepresstem Zitronensaft verrühren und in das feuchte Haar einmassieren, mit einem gewärmten Handtuch umwickeln und 15 Minuten einwirken lassen. Danach ausspülen und trocknen lassen.

REZEPTREGISTER

IMPRESSUM

Hinweis: Die Ratschläge in diesem Buch sind von den Autoren und vom Verlag sorgfältig erwogen und geprüft, dennoch kann eine Garantie nicht übernommen werden. Eine Haftung der Autoren bzw. des Verlags und dessen Beauftragten für Personen-, Sach- und Vermögensschäden ist ausgeschlossen.

Arganöl und Alfons Schuhbecks Gewürze kann man in seinem Gewürzladen am Platzl 4 a in München kaufen oder über das Internet bestellen unter
www.weltdergewuerze.de

Das Porzellan wurde freundlicherweise zur Verfügung gestellt von der Rosenthal AG-Selb
www.rosenthal.de

FOODFOTOS: THOMAS KOLLER
www.thomaskoller.com

PRODUKTION + STYLING: HELGE STÜSSEL

Landschaftsfotos + People: Gisela Schenker, Thomas Koller
info@giselaschenker.com

Redaktionsleitung: Susanne Kirstein
Projektleitung: Sigrid Bleuel
Texte: Hans Peter Bleuel
Rezeptfassung: Monika Reiter
Rezeptbearbeitung: Gerlinde Reiter
Küchenassistenz: Roland Schlotter
Layoutentwicklung: Thomas Dreher
dreher@gestaltungswelten.de

Covergestaltung: Thomas Dreher
Bildredaktion: Elisabeth Franz
Reproduktion: Lorenz & Zeller, Inning a. A.
Druck und Verarbeitung: Mohn media Mohndruck GmbH, Gütersloh
Printed in: Germany

ISBN 978-3-517-08341-4
9817 2635 4453 6271